KB175986

후설의
현상학과
현대문명 비판

후설의
현상학과
현대문명 비판

이종훈 편역

이담
Books

일러두기

► 이 책은 후설이 1935년 5월 7일과 10일 두 번에 걸쳐 오스트리아의 빈(Wien)문화협회에서 행한 강연 「유럽 인간성의 위기에서 철학」(Die Philosophie in der Krisis der europäischen Menschheit)과, 「대영백과사전」(*Encyclopaedia Britannica*)의 '현상학' 항목을 작성하려고 1927년부터 하이데거(M. Heidegger)와 공동으로 집필하다 견해차가 점차 심화된 상황에서 독자적으로 작성한 4차 최종판(14판 제17권, 1929)을 옮긴 것이다.

► 이 두 작품을 한데 묶은 이유는 「유럽 인간성의 위기에서 철학」이 다루고 있는 문제의식이 1910년대 초의 『엄밀한 학문으로서의 철학』(*Philosophie als strenge Wissenschaft*)과 직접 연결될 뿐만 아니라, 최후의 저술 『유럽 학문의 위기와 선험적 현상학』(*Die Krisis der europäischen Wissenschaften und die transzendentale Phänomenologie*, 1936)의 초안이자 모체이므로 다양

하게 발전을 거듭해나간 후설 현상학의 전모를 파악하는 데 반드시 필요하기 때문이다. 그래서 표제도 '후설의 현상학과 현대 문명비판'으로 뽑았다.

► 현상학에서 매우 중요한 개념이나 옮긴이가 강조하기 위한 용어는 원어를 병기했다. 또한 번역어가 애매하게 전달될 수 있을 경우 한자를 병기했다. 그리고 원서에서 강조된 부분은 고딕체로 표기하였다.

► 옮긴이는 『유럽 인간성의 위기에서 철학』에서 원문에 없는 소제목을 논지의 전개에 적합하게 달았고, 너무 긴 문단의 경우 문단을 두셋으로 나누었으며, 독자의 이해를 돕기 위해 또는 문맥의 흐름을 원활하게 하기 위해 간혹 꺾쇠괄호 [ ] 안에 필요한 문구를 삽입했다.

► 옮긴이는 내용의 파악을 위해 필요한 사항과 인명 등을 요약해 주석으로 달았다.

► 각 작품의 앞에는 다루고 있는 '핵심내용'을 체계적으로 정리했고, 뒤에는 비판적으로 검토해볼 수 있도록 '생각해볼 거리'를, 그리고 이 책 끝에는 여기에서 다루고 있는 논제를 종합적으로 적용해볼 수 있도록 '토론해볼 거리'를 첨부했다.

▲ 오랜 기간 사강사(우리의 시간강사)와 원외교수를 거쳐 비로소 정교수가
된 1905년경 후설의 모습.
47세에도 불구하고 새로운 학문에 대한 의지와 열정이 전혀 식지 않았다.

해설

1.

현상학(Phänomenologie)의 창시자인 에드문트 후설 (Edmund Husserl)은 1859년 4월 8일 독일의 메렌쮜(현재는 오스트리아 영토)에서 유태인으로 태어났다. 대학에서 수학과 철학을 공부하고 수학자로 출발했지만 빈 대학에서 브렌타노(F. Brentano)의 강의를 듣고 큰 영향을 받아 철학으로 전향한 그는 할레 대학의 강사, 괴팅겐 대학의 강사와 교수, 프라이부르크 대학의 교수를 거쳐 1938년 4월 27일 79세로 사망했다.

이러한 그의 삶은 외면적으로는 학문의 길에서 벗어난 적이 없는 평범한 대학교수에 불과하지만, 내면적으로는 암울한 시대를 초래한 근본적 문제에 맞서 학문과 인간성이 나아가야 할 올바른 길을 찾아 자기 자신과 부단히 투쟁했던 용감한 기사(騎士)였다. 그는 1928년 은퇴한 후 그리고 나치가 집권하면서 유태인을 가혹하게 탄압할수록 오히려 더욱 왕성한 의욕과 새로운 각오로 연구와 강연에 매진하면서 죽는 날까지, "철학자로 살아왔고 철학자로 죽고 싶다"는 자신의 유언 그대로, 진지한 구도자의 자세로 끊임없이 자기비판을 수행한 '철학자'였다.

이 50여 년의 외길 삶은 이론과 실천, 가치를 포괄하는 보편적 이성에 대한 철저한 비판을 통해 궁극적으로 스스로 책임을 질 수 있는 모든 학문의 타당한 이론과 인간성의 진정한 삶을 정초하려는 '엄밀한 학문(strenge Wissenschaft)으로서의 철학', 즉 선험적 자아(주관성)를 해명하려는 선험적 현상학의 이념을 일관되게 추구한 것이다. 그리고 그 방법은 어떤 기존의 철학을 전제하고 여기에서 정합적으로 형이상학적 체계를 구축하는 것이 아니라, 모든 편견에서 해방되어 의식에 직접 주어지는 '사태 자체로'(zur Sachen selbst!) 되돌아가 직관하는 것이다.

이와 같은 이념과 방법은, '방법'(method)이라는 말이 어원상 '무엇(목적)을 얻기 위한 과정과 절차'를 뜻하듯이, 철학의 참된 출발을 찾아 떠났던 멀고도 험난한 길에서 조금도 변함이 없었다. 물론 초기 저술의 정적(靜的) 분석과 후기 저술이나 유고의 발생적(發生的) 분석에서 드러난 모습들에는 많은 차이가 있지만, 이것들은 서로 배척되는 것이 아니라, 마치 어떤 건물에 대한 평면적 파악과 입체적 조망처럼, 부단히 발전을 거듭해갔던 후설 현상학의 전체적 참모습을 이해하는 데 필수불가결한 상호 보완의 관계이다. 따라서 하이데거나 비트겐슈타인(L. Wiittgenstein)에서 볼 수 있는 '전기에서 후기 또는 근본적 입장에서 전환(轉換)'과 같은 것은 후설에서 있지도 않았고, 있을 수도 없다.

그는 수학의 기초를 논리학에서, 또한 논리학의 기초를 인식론에서 찾았고, 더 나아가 다양한 의식체험을 지향적으로 분석하는 기술적(記述的) 현상학에서 그 궁극적 원천으로 되돌아가 묻고 해명하는 선험적(先驗的) 현상학을 추구했다. 이러한 과정에서 그는 생전에 『산술철학』(1891), 『논리연구』(1900~01), 『엄밀한 학문으로서의 철학』(1911), 『순수 현상학과 현상학적 철학의 이념들』 제1권(1913), 『시간의식』(1928), 『형식논리학과 선험논리학』(1929), 『데카르트적 성찰』(1931), 『유럽 학문의 위기와 선험적 현상학』(1936)을 발표했다.

2.

후설 현상학은, 객관적 실증과학을 근본적으로 극복할 새로운 방법론으로 간주되든 전통적 철학을 심화시킨 독자적 철학으로 간주되든, 다양한 '현상학 운동'으로 발전하면서 실존주의·인간학·해석학·구조주의·존재론·심리학·윤리학·신학·미학 등 현대의 철학뿐만 아니라 인문·사회과학과 문화예술 전반, 심지어 영화·체육·의학(간호학)에도 구체적으로 응용되면서 강력한 영향을 지금도 생생하게 끼치고 있다.

그렇지만 정작 후설 현상학의 참모습은 제대로 밝혀져 있지 않다. 그 이유를 찾아보면,

첫째, 그가 남긴 방대한 유고(유태인 저서를 말살하던 위급한 상황에서 구출된 약 4만 5천여 장의 속기 원고와 1만여 장의 타이프 원고)가 벨기에의 루뱅대학 후설 아카이브(Husserl-Archiv)에서 1950년 후설전집(Husserliana)을 출간한 이래 현재도 계속되고 있어 전모를 파악하기 힘들다는 후설 현상학 자체의 문제와,

둘째, 그가 일정한 체계를 형성하기보다 부단한 사유실험으로 다양한 문제영역을 분석하면서 발전해 갔는데, 각 국면에서 제한적으로 이해했던 제자들이나 후학들이 해석하고 비판한 것이 사실로 각인되고 그대로 굳어져 전해졌다는 후설 현상학 해석의 문제를 들 수 있다.

그런데 이 두 문제를 동시에 또한 근원적으로 해결하기 위해서는 다음과 같은 사실에 주목하지 않을 수 없다.

1) 1898년경 완성된 「논리연구」에서 심리학주의가 결국 회의적 상대주의로 빠질 수밖에 없다고 비판해 객관주의로 알려진 제1권(1900)과 의식의 다양한 체험들을 분석해 주관주의로 해석된 제2권(1901)이 동시에 출간되었다면, '주관주의인가 객관주의인가' 하는 소모적 논쟁은 일어날 수도 없었을 것이다.

2) 발생적 분석의 근본 틀을 확고하게 마련한 1904~05년 강의는 그 성과를 미처 만족스럽게 정리하지 못해 단편적으로만 발표했는데, 1917년에 탈고된 이 초안이 되었다가 1928년 하이데거가 편집해 「시간의식」으로 발표되기 전에 좀 더 일찍, 아니 유사한 주제를 다룬 그의 「존재와 시간」(1927)에 파묻히기 전에만 알려졌다면, '정적(靜的) 현상학과 발생적(發生的) 현상학'의 근거 없는 단절은 생각해볼 수도 없었을 것이다.

3) 현상학의 기본방법과 근본문제를 최초로 제시한 「이념들」 제1권(1913)이 발표될 당시 이미 완성된 제2권이 40년이나 지난 1952년에야 후설전집 제4권으로 출간되기 전에 조금이라도 알려질 수 있었다면(메를로-퐁티(M. Merleau-Ponty)는 「지각의 현상학」에서 이 유고를 참조했다고 밝힌다), '선험적 관념론

과 경험적(또는 생활세계적) 실재론'의 전면적 대립
은 허구적 소설에 불과했을 것이다.

물론 후설 현상학의 중심문제인 지향성(Intentionalität),
즉 의식은 항상 '무엇에 관한 의식'(Bewußtsein von
Etwas)이라는 사실, 따라서 주관성은 반드시 상호주관성
이며 '주관-객관-상관관계'(Subjekt-Objekt-Korrealtion)라
는 사실에 대해 기본적 이해만 제대로 할 수 있어도 이러
한 가정들은 쓸데없는 유희일 것이다.

3.

후설 현상학에서 이렇게 단절된 도식적 이해의 왜곡된
틀을 근본적으로 극복하고 그 총체적 참모습을 파악하는
길은 무엇인가? 이와 관련해, 아니 이보다 더 근원적인
물음인 '현상학적'이 과연 무엇을 뜻하는지 또는 그 공통
분모는 어디에 있는지부터 살펴보자.

후설의 직접적이든 간접적이든 탁월한 많은 제자들은
현상학의 방법 가운데 셸러(M. Scheler)나 슈츠(A. Schutz)
처럼 본질을 직관하는 형상적 직관은 받아들여도, 의식의
다양한 작용들과 대상들에 통일성을 부여하고 그것의 동
일한 의미를 구성하는 선험적 자아와 그 대상영역을 드러
내 밝히는 선험적 환원을 거부한다. 따라서 하이데거는 순

수(선험적) 자아를 이념화된 자아로 간주하고, 이처럼 추상적인 반성(反省)의 주체로는 현사실적 주체인 현존재의 사실성과 존재체제의 존재론적 성격을 파악할 수 없다고 비판한다. 사르트르(J.P. Sartre)는 선험적 자아는 불투명한 것으로 의식의 죽음이며 독아론을 피할 수 없는 치명적 가설이라고 조롱한다. 메를로-퐁티 역시 내면적 인간, 즉 선험적 자아는 존재하지 않으며 인간은 언제나 세계 속에 있고 세계 속에서만 자기 자신을 알게 된다고 역설한다.

이러한 상황에서, 또한 앞에서 말했듯이 목적을 배제한 채 방법만 논의한다는 것이 원천적으로 불가능한 모순이라는 사실 그리고 현상학적 환원에서 판단중지(Epoche) 이후에 형상적 환원과 선험적 환원은 일정한 순서는 없지만 따로 분리되지 않는다는 사실을 고려하면, 일반적으로 흔히 일컬어지는 '현상학적'이라는 말은 지극히 모호해진다. 따라서 한편으로 객관적 실증과학을 대체할 하나의 방법론으로 간주된 현상학(경험적 현상학)과, 다른 한편으로 이에 그치지 않고 선험적 주관성을 궁극적으로 해명하는 본연의 철학이고자 하는 후설 현상학(선험적 현상학 또는 선험철학)을 명백하게 구별해야만 애매모호한 장막들을 말끔히 걷어낼 수 있다.

그렇다면 후설 현상학의 총체적 참모습을 온전히 파악

하는 길은 무엇인가?

후설 현상학을 소개하는 2차 문헌들은 대부분 끈질긴 오해와 왜곡으로 점철된 두터운 각질로 뒤덮여 있다. 결국 후설의 저술을 직접 읽는 것이 가장 올바르고 바람직한 길이다. 그렇지만 그 저술들이 너무나 많고, 철학을 전공하는 제자들에게 강의하거나 철학 전문지에 발표한 대부분의 저술들에서 치밀한 분석의 과정과 내용을 정확하게 이해하는 일이란 결코 간단하지 않다. 그래서 이 책에 수록된 「유럽 인간성의 위기에서 철학」과 「현상학」에 더욱 주목할 수밖에 없다.

그것은 이것들이 비교적 분량이 크지 않을 뿐만 아니라, 자신의 현상학을 일반 대중(물론 철학에 대한 기본적 지식과 관심을 지닌)에게 전달하거나 백과사전에 명시적으로 규정하기 위해 간명하게 서술되어 있다는 데 있기 때문이다. 그리고 이것들이 작성된 시기에는 7~8년의 차이가 있지만, 다루고 있는 문제의식은 일관되게 연결되어 있기 때문이다. 더구나 후설 현상학에 접근하는 동기와 시각은 매우 다양하겠지만, 특히 현대의 실증적 객관주의와 자연과학적 사고방식의 문제점을 밝히고 이것을 근본적으로 극복할 수 있는 확고한 실마리를 모색하려면, 이것들만큼 좋은 자료가 없기 때문이다.

4.

후설은 1928년 봄 프라이부르크 대학의 교수직을 하이데거에게 넘기고 은퇴했지만, 오히려 더욱 왕성하게 다양한 길을 통해 선험적 현상학의 이념을 추구해갔다. 형식논리가 선험논리에 의해 정초되어야만 참된 존재자(세계)에 관한 논리학이 될 수 있음을 밝힌 「형식논리학과 선험논리학」(1929)을 발표하고, 프랑스 소르본 대학에서 데카르트의 전통에 따라 선험적 현상학을 새롭게 강연했다(이것은 1931년 프랑스어판 「데카르트적 성찰」로 출간되었다). 이러한 시도는 선험적 현상학이 하이데거와 셸러를 통해 간접적으로 전파되어 추상적 관념론이나 독아론(獨我論)으로 오해하는 경향을 직접 해명하려는 것이었다.

후설은 이 『파리강연』을 독일어판으로 확장해 출판하려 했으나, 1934년 8월 프라하의 국제철학회로부터 『우리 시대에 철학의 사명』이라는 주제로 강연할 것을 요청받았다. 당시는 나치정권이 등장해 철학이나 정치·사회 전반에 합리주의와 유럽 문명에 대한 반발과 회의가 팽배해 심각한 위기를 느끼고 있었다. 그는 모든 작업을 중단하고 이 야심 찬 강연준비에 몰두해 그 성과 『유럽 인간성의 위기에서 철학』을 유태인의 활동을 제약하기 시작했던 독일에서 발표하지 못하고 1935년 5월 오스트리아에서, 10월 체코에서 강연했다. 이것을 모체로 그는 「유럽 학문의 위기와 선험적 현상학」(1936)을 발표했는데, 제3부는 유고로 남고(이것은 1954년 후설전집 제6권에 수록되어 있다), 제4부와 제5부는 집필하지 못했다.

후설은 『유럽 인간성의 위기에서 철학』에서 근대철학사를 물리학적 객관주의와 선험적 주관주의가 대립하면서 발전한 것으로 파악한다. 그리고 유럽 인간성의 근본적인 삶의 위기는 곧 유럽 학문의 위기에서 유래하며, 이러한 유럽의 위기가 발생한 근원이 자연주의에 의해 길을 잘못 들어선 합리주의인 물리학적 객관주의에 있다는 점을 밝힌다.

그는 다음과 같이 역설한다.

"있는 사실(事實)만 다루는 단순한 사실학(Tatsachen wissenschaft)은 있어야 할 당위(當爲)의 규범을 다루지 못하는 단순한 사실인(Tatsachenmenschen)만 만들 뿐이다."

그래서 그는 철학의 출발점인 그리스 정신의 참된 합리주의를 역사적-목적론적으로 고찰하고 인간의 보편적 기능이자 능력인 자율적 이성을 복원함으로써 또다시 선험적 현상학(선험철학)의 이념을 '생활세계를 통한 길'로 새롭게 추구한다.

　그리고『현상학』에서 현상학적 심리학은 실증적인 객관주의의 자연적 태도에서는 벗어났지만 여전히 '세계가 미리 주어져 있다는 것'을 소박하게 전제하는 인격주의적 태도에 입각한 경험적 현상학인데, 이 현상학적 심리학으로는 심리학주의의 문제점을 완전히 극복할 수 없고 선험적 순환론에 빠질 뿐이며, 이것은 '세계가 왜 그렇게 주어져야만 하는지'를 문제 삼는, 즉 미리 전제된 어떠한 토대를 갖지 않는 철저한 선험적 태도에 입각한 선험적 현상학에 의해서만 학문적으로 정당하게 정초될 수 있고 더 나아가 정밀한 자연과학으로 발생한 위기를 극복할 수 있다고 주장한다. 따라서 그는 철학에서 전통적으로 대립되어왔던 모든 명제를 현상학적으로 해소할 수 있는 보편적 학문 또는 보편적 존재론인 선험적 현상학의 이념을 '생활세계를 통한 길'과는 다른 또 다른 길인 '심리학을 통한 길'로 추구해간다.

차례

◀ 이 책의 제1부인 후설의 1935년 빈 강연 '유럽 인간성의 위기에서 철학'을 알려주는 공고문

PRAG. - Hradschin und Kleinseite.

▲ 빈 강연에 이어 유사한 내용의 프라하 강연 '유럽 학문의 위기와 심리학'(1935년 11월)이 이루어진 당시의 프라하 전경

제1장

인간성의 위기와
철학의 사명

흔히 유럽(지리적 영역이 아니라 역사적으로 발전해온 정신적 문화의 의미에서 파악된)은 병들어 위기에 빠져 있다고 한다. 그러나 이 위기에는, 묶은 자가 풀어야(結者解之) 하듯이, 원인을 밝혀 스스로 치유능력을 키우는 자연요법이 있다.

현대 유럽 문명의 기반은 근대의 정밀한 객관적 과학이 수학적 언어를 통해 자연을 일관되게 기술(技術)로 지배함으로써 이룩한 혁명의 결과이다. 그런데 이러한 과정에서 정신과학(인문과학)까지 실증적 자연과학의 심리-물리적 방법으로 다루었으나 소박한 객관주의에 맹목적이 된 결과 순수하게 정신적인 것(주관적인 것)의 본질을 탐구하는 데 철저하게 실패하고 말았다.

환경세계의 자연을 그 자체로 정신에 생소한 것으로 간주해 자연과학을 통해 정신과학을 기초지우려는 시도 자체가 자기모순이며, 역사적으로 정신적 작업수행의 산물인 자연과학을 포함한 학문 일반을 자연과학의 방법과 법칙으로 설명하려는 것은 순환논증이기 때문이다. 물론 모든 인간이 진정으로 끝까지 추구해야만 할 가치나 의미의 문제를 삶에서 완전히 제거함으로써 학문과 인간성의 위기를 불러일으키기 때문이다.

이 유럽의 위기는 '길을 잘못 들어선 합리주의'가 원인이다. 그러나 합리성 자체가 악(惡)이 아니라, 그리스 철학의 이상(理想)인 본래적 의미의 합리성은 여전히 자기성찰과 해명을 통해 스스로 궁극적인 책임을 지는 인간성의 삶을 성숙하게 발전하도록 요구한다. 요컨대 유럽의 위기는 합리주의가 자연주의와 객관주의에 매몰되어 좌초된 것에 있다. 따라서 이 위기는 이성(理性)의 영웅주의(英雄主義)를 통해서만 극복할 수 있다.

Ⅰ. 객관적 자연과학이 불러일으킨 위기

나는 여기에서 유럽 인간성[1]의 역사철학적 이념(목적론적 의미)을 전개함으로써 자주 논의된 주제인 '유럽의 위기'에 새로운 관심을 불러일으키려고 한다. 더구나 이 경우 내가 우리의 학문인 철학과 그 분과들이 이러한 의미에서 수행해야만 할 본질적인 기능을 제기하면, '유럽의 위기'도 새롭게 조명될 것이다.

잘 알려진 자연과학적 의술(醫術)과 소위 '자연요법(自然療法)'의 차이를 실마리로 삼아보자. 민간의 자연요법이 민중의 일상생활 속에 소박한 경험이나 전통에서 발생한다면, 자연과학적 의술은 인간의 신체에 관한 학문인 순수 이론적 과학, 특히 해부학이나 생리학의 통찰을 활용해서 발생한다. 그러나 해부학이나 생리학은 그 자체로 다시 자연 일반을 보편적으로 해명하는 기초과학인 물리학과 화학에 의거한다.

이제 시선을 인간의 신체[성](Leiblichkeit)에서 정신[성](Geistigkeit)으로 옮겨 이른바 정신과학(Geisteswissenschaft)[2]

---

1) '인간'(Mensch)의 추상명사 가운데 'Menschheit'는 일반적 인간을 지칭하는 총체적인 개념을 뜻하므로 '인류'로, 'Menschentum'은 이성적 인간이 추구해야 할 보편적인 목적인 이념을 포함하므로 '인간성'으로 옮긴다.

의 주제로 향해보자. 정신과학에서 이론적 관심은 오직 인격으로서의 인간, 인격적인 삶과 작업수행 그리고 이 작업수행의 결과로 생긴 형성물에 향한다. 인격적으로 산다는 것은 하나의 공동체의 지평3) 속에 나나 우리로 일체가 되어 살아가는 것을 뜻한다. 게다가 이 공동체에는 가족·민족·국제사회와 같이 단순하거나 여러 계층으로 형성된 형태들도 있다. 이 경우 **'살아간다'**(Leben)는 말은 생리학적인 의미를 갖는 것이 아니라, 정신의 형성물을 수행할 목적을 갖고 작업하는 삶, 즉 가장 넓은 의미로 역사적 발전의 통일 속에서 문화를 창조하는 삶을 뜻한다. 이 모든 것이 다양한 정신과학들의 주제이다.

그런데 공동체·민족·국가에 대한 건강이나 질병을 논의할 수 있는 것처럼, 활기찬 번영과 쇠퇴 사이에는 명

---

2) 독일어의 'Wissenschaft'는 자연과학뿐만 아니라 인문·사회과학을 포괄하는 학문 일반을 뜻한다. 따라서 자연과학의 성격이 강한 경우 이외에는 '학문'으로 옮긴다. 그리고 'Geist'와의 합성어도 '인문과학'보다는 포괄적인 의미를 갖는 '정신과학'으로 옮긴다.

3) 이것은 그리스어 'horizein(구분한다, 경계를 만든다)'에서 유래한 용어로 후설의 의식분석에 매우 중요한 개념이다. 즉 모든 의식작용에는 직접 주어지지 않았지만 기억이나 예상에 의해 미리 지시된 대상의 국면들이 있는데, 이것들은 대상에 대한 경험이 발생하는 틀을 형성한다. 이 '지평'은 과학적으로 분석하면 존재하지 않지만, 단순한 환상은 아니다. 우리는 세계 속에 있는 어떤 객체를 제거할 수 있지만, 지평 자체를 제거한 세계는 생각할 수 없다. 이것은 인간이 신체를 움직이거나 정신이 파악해 감에 따라 점차 확장되고 접근할 수 있는 문화·역사·사회적 조망을 지닌 무한한 영역으로서, 인간이 자신을 항상 새롭게 이해하고 실현할 수 있는 전제조건이다.

백한 차이가 있다. 따라서 이에 관해 '국가나 국제사회라는 공동체의 [건강을 진단할] 의술인 자연과학적 의술이 어떻게 생기지 않았나?' 하는 물음은 전혀 무관한 문제가 아니다. 유럽의 국가들은 병들어 있다. 유럽 자체가 위기에 빠져 있다고 일컫기 때문이다. 물론 여기에도 자연요법과 같은 것이 없지는 않다. 사실 소박하고도 극단적인 막대한 개혁안(改革案)들이 넘칠 정도로 제시되고 있다. 그러나 풍성하게 발전된 정신과학들은 자연과학들이 탁월하게 이룩한 공헌을 왜 이 경우에는 거부하는가?

근대과학의 정신에 정통한 사람이라면 이 물음에 답변하는 데 당황하지 않을 것이다. 자연과학이 위대한 점은 '자연과학에서 자연에 관해 기술하는 모든 것은 정밀한 설명, 즉 궁극적으로 물리-화학적 설명에 이르는 단순한 방법적 과정이고자 하기 때문에, 자연과학은 직관적 경험에 만족하지 않는다'는 데 있다. 자연과학은 '단지 기술하는' 학문이 지구의 유한한 환경세계4)에 우리를 한정하는 것으로 그친다고 생각한다. 그러나 수학적으로 정밀한 자연과학은 자연의 방법으로서 그 현실성이나 실재적 가능성 속에 포함된 무한성을 포괄한다.

---

4) 환경세계는 주관에 의해 구성된 것이지만, 그 구성이 궁극적으로 상호주관적인 것이기 때문에 결코 사적(私的)인 세계가 아니다.

이 자연과학은 직관적으로 주어진 것을 단지 주관에 상대적으로 나타나는 현상으로 이해하고[5], 초(超)주관적 ('객관적') 자연 자체에 체계적으로 접근함으로써 절대적인 보편적 원리와 법칙에 근거해 탐구하는 방식을 가르친다. 또한 자연과학은, 인간이든 동물이든 천체(天體)이든, 직관적으로 미리 주어진 모든 구체적인 것을 궁극적인 존재자에 기초해 설명하는 방식, 즉 그때그때 사실적으로 주어진 현상에서 출발해 직관적으로 제한된 모든 경험을 넘어서 미래의 가능성과 개연성을 정밀하게 도출해내는 방식을 가르친다. 근대에 정밀한 과학이 일관되게 발전한 결과는 자연을 기술(技術)로 지배함으로써 이룩한 참된 혁명이었다.

그러나 유감스럽게도 (우리가 이미 [이러한 점을] 완전히 이해해 파악한 의미에서) 정신과학의 방법에서 그 상태는 [자연과학과] 전혀 다르며, 특히 내적 근거들에 입각해 전혀 다르다. 인간의 정신성은 그의 몸(Physis)에 근거하며, 각 개인의 영혼의 삶(Seelenleben)은 육체성

---

5) 이와 같은 인식은 케플러(J. Kepler)가 양화(量化)를 통해 가장 잘 알 수 있는 것(the most knowable)과 가장 실재적인 것(the most real)을 동일시하는 자연과학적 세계관을 제시하고, 갈릴레이(G. Galilei)가 직접 구체적으로 경험되는 물체의 종(種)적 성질들을 간접적인 수학의 공식으로 객관화(추상화)한 이래 주관적 요소를 경멸하고 물리적 객관주의를 추구한 근대 자연과학의 지배적인 경향이었다.

(Körperlichkeit)6)에 기초하고, 각각의 공동체도 그 구성원인 개별적 인간의 육체성에 기초한다. 그러므로 만약 정신과학에서 취급하는 현상을 자연의 영역에서처럼 실제로 정밀하게 설명하고 또 광범위하게 학문적으로 실천[적용]할 수 있으려면, 정신과학의 연구자는 정신을 정신으로 고찰할 뿐만 아니라, [정신의] 육체적 근본의 토대로 되돌아가 정밀한 물리학과 화학으로 철저하게 설명해야만 한다.

그런데 이러한 시도는, 거대한 역사적 공동체는 물론 개별적 인간의 경우에도 심리-물리적으로 정밀한 필수적 탐구가 뒤섞여버림으로써 실패하고 말았다(그리고 이 사실은 예측할 수 있는 가까운 미래에도 결코 변화될 수 없다). 만약 세계가 '자연'과 '정신'이라는 이른바 동등한 권리가 부여된 두 가지 실재성의 영역, 즉 어떤 것도 방법적으로나 실질적으로 특권이 부여되지 않은 실재성의 영역으로 구성된 것이라면, 사정은 달라질 것이다.

하지만 오직 자연만 그 자체로 하나의 완결된 세계로 취급될 수 있다. 왜냐하면 자연과학만 중단 없는 일관성으로 모든 정신적인 것을 추상화할 수 있고, 자연을 순수

---

6) 'Körper(lichkeit)'는 일반적으로 '물체(성)'를 뜻하지만, 인간과 연관시켜 논의할 때는 적절한 표현이 아니라고 보기 때문에, 또 후설이 이 용어를 '신체(Leib)'와 구별해 사용하기 때문에, 여기에서는 '육체(성)'으로 옮긴다.

하게 자연으로서 탐구할 수 있기 때문이다. 다른 한편 이와 반대로 정신적인 것에 순수하게 관심을 쏟는 정신과학의 탐구자에게는 자연을 그와 같이 일관되게 추상하는 것이 그 자체로 완결된 '세계', 즉 순수하게 정신적으로 상호 연관된 (순수한 자연과학에 평행하는 것으로서 순수한 보편적 정신과학의 주제가 될 수 있을) '세계'로 이끌지는 못한다. 왜냐하면 동물적7) 정신성, 즉 그 밖의 모든 정신성이 귀착되는 인간과 동물의 '영혼'의 정신성은 개별적인 방식으로 물체[육체]성 속에 인과적으로 기초지어지기 때문이다.

그러므로 순수하게 정신적인 것 자체에만 관심을 둔 정신과학의 탐구자가 기술하는 것, 즉 정신의 역사(Geisteshistorie)를 이탈하지 않고, 따라서 직관의 유한성에 구속된다는 사실이 이해된다. 각각의 사례는 이와 같은 사실을 명백히 보여준다. 가령 어떤 역사가(歷史家)도 고대 그리스 영토의 자연적 지리를 고려하지 않고는 결코 고대 그리스의 역사를 취급할 수 없으며, 고대 그리스의 건축물을 세운 소재를 함께 다루지 않고는 고대 그리스의

---

7) 이 말 'animalisch'의 어원은 라틴어 'anima'(공기・호흡・마음・심리적인 것 등)을 뜻한다. 그런데 후설은, 그가 '동물적 영혼'이라고 표현하듯이, 이 말로 동물의 일반적 속성을 가리키기보다 인간을 포함한 고등동물의 심리 또는 영혼을 뜻한다.

건축을 취급할 수 없다. 그 밖의 것들도 마찬가지이다. 이러한 사실은 매우 분명한 것처럼 보인다.

그러나 만약 이러한 서술 속에 드러난 사고방식 전체가 숙명적인 편견들에서 유래했고, 그래서 '유럽의 질병'에 공동의 책임이 있다면, 어떻겠는가? 나는 실제로 사정이 이렇다고 확신하며, 동시에 다음과 같은 사실이 이해되기를 바란다. 즉 현대의 과학자가 그 자체로 완결된 순수한 보편적 정신에 관한 학문을 정초할 가능성을 음미해볼 가치도 없는 것으로 간주하고, 따라서 그 가능성을 단호하게 부정하게 되는 자명성(自明性)의 본질적인 원천도 여기에 놓여 있다.

이러한 점을 더 파고들어가 일단 개괄적으로 이해해 위에서 서술한 논의를 [밝혀] 뿌리 뽑는 것이 우리가 다룰 '유럽-문제'의 관심사이다. 물론 역사가(歷史家), 각 영역의 정신탐구자나 문화탐구자는 그가 관심을 갖는 현상 속에 물질적 자연(가령 고대 그리스의 자연)을 지속적으로 갖는다. 하지만 이 자연은 자연과학적 의미의 자연이 아니라, 고대 그리스인이 자연으로 간주했던 것, 즉 자연적 실제성[현실]으로서 그들이 환경세계에서 직면했던 것이다.8) 더 완전하게 말하면, 그리스인의 역사적 환

---

8) '자연'(Natur)은 그리스어 'physis'(어간 phy는 '성장'을 뜻한다)에서

경세계는 우리가 말하는 의미의 객관적 세계가 아니라, 그들의 '세계에 대한 표상', 즉 그들의 환경세계 속에서 그들이 타당하다고 간주한 모든 실제성(여기에는 예를 들어 신들, 정령(精靈)들 등이 포함된다)을 지닌 그들이 고유하게 주관적으로 타당하다고 간주한 것이다.

[그런데] 환경세계(Umwelt)는 오직 정신의 영역 속에서만 자신의 지위를 갖는 개념이다. 우리가 모든 염려와 노력을 기울이는 그때그때의 환경세계 속에 살아가는 것은 순수하게 정신성 속에서 일어난 사실(Tatsache)을 나타낸다. 우리의 환경세계는 우리 속에 또 우리의 역사적 삶 속에 이루어진 정신의 형성물이다. 따라서 여기에는 정신을 정신으로서 주제로 삼는 사람이 그 환경세계에 대해 순수한 정신적 설명 이외에 다른 설명을 요구할 근거는 전혀 없다. 그리고 환경세계의 자연을 그 자체로 정신에 생소한 것으로 간주하고, 그 결과 정신과학을 자연과학을 통해 기초지우며, 그래서 [정신과학을] 추정적으로 정밀하게 만들려는 것은 배리(背理)라는 사실은 일반적으로 타당하다.

유래한 말로, 본래 직접 생성되는 실재(to on), 근본원리(arche)를 의미한다. 그런데 근대 자연과학 이후 오늘날의 '자연', 즉 과학적 기술(技術)을 통해 관찰할 수 있는 영역에 대한 기계론적 총체개념으로만 이해되기 시작했다.

[그러나] 자연과학(일반적으로 모든 학문)은 정신적 작업수행(Leistung)[9], 즉 공동으로 연구하는 자연과학자들의 정신적 작업수행을 나타내는 명칭이라는 사실이 명백히 전적으로 망각되었다. 왜냐하면 그러한 사실로서, 모든 정신적 사건과 마찬가지로, 어쨌든 자연과학의 작업수행은 정신과학적으로 설명되어야 할 범위에 함께 속하기 때문이다. 그런데 '자연과학'이라는 역사적 산물을 자연과학적 방법으로 설명하려 하고, 그 자체가 정신적 작업수행으로서 [설명되어야 할] 문제에 속하는 자연과학과 그 자연법칙들을 이끌어 들여 설명하려는 것은 실로 배리적이며, 하나의 순환논증(循環論證)이 아닌가?[10]

정신과학의 연구자들은, 자연주의(Naturalismus)에 (비록 그들이 이에 대해 말로는 논박하더라도) 맹목적이 된

---

9) '산출·수행·수행된 결과·기능·성취' 등을 뜻하는 이 용어는 일상적으로 은폐된 의식을 현상학적 환원을 통해 드러내 밝히는 선험적 주관성의 다양한 지향적 활동을 지칭한다. 또한 경험한 내용이 축적되고, 이것이 다시 기억되거나 새로운 경험을 형성하는 복잡한 심층구조를 지닌 발생적 역사성을 함축한다. 그래서 의식의 단순한 '작용'(Akt)과 구별해, '작업수행'으로 옮긴다.

10) 후설은 「엄밀한 학문」(1911)에서 과학적 실험으로 증명되지 않는 모든 것을 부정하는 소박한 객관적 방법론에 입각한 자연주의가 모든 전통과 권위에 대항해 자율적 이성만 받아들이는 올바른 동기로 출발했으나, 과학적 실험으로 증명되지 않는 모든 것을 부정하는 소박한 자연적 태도에서 방법론적 편견에 빠졌고 결론으로부터 거꾸로 논증해가기 때문에 보편타당한 규범을 정초할 수 없다고 비판한다. 즉 자연주의는 우연적 경험(사실)을 통해 보편타당한 이념(규범)을 확인하거나 반박하면 할수록 그 이론적 모순은 더 심화될 수밖에 없다.

결과, 보편적이며 순수한 정신과학의 문제를 제기하는 일 뿐만 아니라, 정신성의 무조건적으로[절대적으로] 보편적 인 것을 그 요소들과 법칙들에 따라 추구하는 본질학(本質學), 즉 정신을 순수하게 정신으로서 탐구할 본질학에 관해 묻는 일조차 철저히 소홀하게 방치해왔다. 그렇지만 이와 같이 정신의 본질학에 관해 묻는 일은 절대적으로 확정하는 의미에서 그 본질학으로부터 학문적 설명을 획 득하기 위한 목적으로 수행되어야만 한다.

이제까지 정신철학에 관한 고찰은 '그 정신에 있어 유 럽'이라는 우리의 주제를 순수하게 정신과학에 속한 문 제로서, 따라서 우선 정신사(精神史)의 관점에서 파악하 고 또 취급하기 위한 올바른 태도를 우리에게 부여한다. 이미 앞에서 예고했듯이, 마치 본래 유럽에만 타고난 독 특한 목적론(Teleologie)[11]은 이러한 고찰이 진행되면서 명백히 드러날 것이며, 특히 고대 그리스의 정신에서 철 학이나 그 분과들인 학문들이 발생하고 출현한 일과 내 적으로 매우 밀접하게 관련된 것으로 뚜렷이 드러날 것

---

11) 후설의 목적론은 어떤 목적을 미리 상정한 것이 아니라, 궁극적 근원을 부단히 되돌아가 물음으로써 스스로 책임을 지는 앎(이론)과 삶(실천)을 엄밀하게 정초하려는 의지를 강조한 것이다. 따라서 경험이 생생하게 발 생하는 '사태 그 자체로' 접근해가는 미시적 방향과, 자아가 구성되는 역 사성을 통해 '인간성의 완성'이라는 이념에 접근해가는 거시적 방향이라 는 이중의 방향으로 전개된다.

이다. 우리는 이 경우 숙명적인 자연주의의 기원에 대해, 또는 같은 말이지만, 세계를 해석하는 근대의 이원론(二元論)의 기원에 대해 그 가장 깊은 근거를 해명하는 일이 중요한 문제라는 사실을 이미 예감한다. 결국 이러한 근거를 해명함으로써 '유럽 인간성의 위기'의 참된 의미도 분명히 밝혀질 것이다.

우리는 '유럽의 정신에서 그 형태는 어떻게 특징지어지는가?' 하는 물음을 제기하고 있다. 따라서 [이 물음에서] 유럽은, 마치 여기[유럽]에서 같은 영토에 함께 살아가는 사람들의 범위가 유럽 인간성으로 한정되듯이, 지리(地理)나 지도(地圖)에 따라 이해되어서는 안 된다.[12] 정신적 의미에서 영국의 자치령들이나 미국 등은 분명히 유럽에 속하지만, [미국에서] 장날 구경거리로 등장하는 에스키모인이나 인디언부족 또는 유럽에서 여기저기 계속 유랑하며 떠도는 집시부족은 유럽에 속하지 않는다. 여기에서 '유럽'이라는 명칭으로 문제되는 것은 곧 정신적 삶·활동·창작(모든 목적·관심·배려·노력 그리고 이러한 목적으로 만든 생산물·제도·기구(機構)도

---

12) 여기에서 '유럽 학문'은 지리적 영역에 국한되지 않고 근대의 실증적 자연과학에 물든 현대의 학문 일반을 뜻하며, '유럽 인간성'도 유럽에 거주하는 인간에 그치지 않고 진정한 인간성을 실현해야 할 보편적 인류를 뜻한다.

수반한다)의 통일체(Einheit)이다. 이 속에서 개별적 인간은 가족이나 종족, 국가, 즉 그 정신에서 내적으로 서로 결합된 모든 것이 상이한 단계를 이루는 다양한 사회의 조직들 속에 활동하고, 이미 언급했듯이, 정신적 형태의 통일성 속에서 활동한다. 동시에 [여기에는] 인격들, 인격의 단체들, 이들의 모든 문화적 작업수행에 모두 결합하는 특성이 부여되어야 한다.

요컨대 '유럽의 정신적 형태'란 무엇인가? 그것은 유럽의 역사(정신적 유럽의 역사) 속에 내재한 철학의 이념을 제시하는 것이다. 또는 같은 말이지만, 보편적 인류 일반이라는 관점에서 고찰해보면, 새로운 인류의 시대, 즉 이제부터는 이성(Vernunft)의 이념과 무한한 과제를 통해 오직 인간의 현존재나 역사적 삶의 자유로운 형태 속에서만 살아가려 하고, 그 속에서만 살 수 있는 인류의 시대가 출현하며, 그 발전의 출발점으로서 스스로를 표명하는 유럽의 역사 속에 내재한 목적론을 제시하는 것이다.

각각의 정신적 형태는 본질적으로 보편적인 역사적 공간, 또는 공존(共存)과 계기(繼起)로 역사적 시간의 특별한 통일성 속에 존재하며, 자신의 역사를 갖는다. 따라서 만약 우리가 우리와 우리의 국가로부터(이것은 필연적인 순서일 것이다) 역사적 연관들을 추구해보면, 역사적 연속성은 끊임없이 우리가 인접한 국가들과 시대들로 이끌어간다. 물론 고대에는 로마인에서 그리스인, 또한 이집트인, 페르시아인 등으로 부단히 이끌어간다. 여기에는 분명히 끝이 없다. 그래서 우리는 원시시대 속으로 빠져들고, 멩긴(O. Menghin)의 의미심장한 저술 「석시시대의 세계사」(Weltgeschichte der Steinzeit, 1931)에 부득이 호소하지 않을 수밖에 없게 된다.

이렇게 연구를 진행해감으로써 인류는 수많은 인간의 유형들과 문화의 유형들을 지니고 혼란스럽게 뒤섞여 흐르는, 오직 정신적 관계들을 통해 결합된 개별적 인간의 삶이나 민족의 삶으로 부각된다. 이것은 인간들이나 민족들이 일부는 더 풍부하고 더 복잡하게, 일부는 더 단조롭게 파문을 일으키며 변화하고 또 다시 사라져버리는 파도들, 즉 덧없이 형성되는 파도들인 커다란 바다와 같다.

그럼에도 불구하고 그 내부를 철저히 고찰해보면, 우리는 새롭고 독특한 종류의 결합관계들과 차이들을 알게 된다. 비록 유럽 국가들이 여전히 서로 적대적이더라도, 어쨌든 이들 모두를 관통하며 국가적 차이들을 넘어서는 그 정신 속에 특별한 내적인 근친(近親)관계를 갖는다. 그것은 이러한 정신적 범위 속에서 고향(故鄕)의식을 불러일으키는 동포성(同胞性)과 같은 것이다. 이와 같은 사실은, 가령 수많은 부족들과 문화적 산물들을 지닌 인도의 역사성 속에 [우리의] 감정을 이입(移入)[13]시켜보면 곧바로 뚜렷이 나타난다. 그런데 이 인도의 정신적 범위 속에는 가족적 유사성(類似性)이라는 근친관계의 통일성도 존재하지만, 이것은 [유럽인인] 우리에게 생소한 것이다. 다른 한편으로 인도인들은 우리를 이방인으로 체험하며, 오직 인도인들 사이에만 같은 고향의 동포로서 체험한다. 그렇지만 많은 단계에서 상대화된 고향과 같은 친숙함과 그렇지 못한 생소함(이것은 모든 역사성의 근본적 범주이다) 사이의 이러한 본질적인 차이가 결코 충분할 수 없다.

[그러나] 역사적 인류가 항상 이와 같은 방식으로 그러한 범주에 따라 분류되지는 않는다. 우리는 곧바로 이러한 사실을 유럽에서 감지하게 된다. 유럽에는, 또한 다른 모든 인간 집단에는, 유용성을 고려하지 않고 완전히 도외시하더라도, 어쨌든 정신적으로 자신을 보존하려는 불굴의 의지(意志)에도 불구하고, 그들 스스로를 끊임없이

---

13) 타자의 몸은 원본적으로 주어지지만, 그의 신체(심리)는 감정이입(Einfühlung), 즉 유비적으로 만드는 통각(統覺)의 의미전이(意味轉移)에 의해 '간접적으로 제시하는 것'(Appräsentation) 또는 '함께 파악하는 것'(comprehensio)을 통해 주어진다. 후설은 이 용어를 의식의 경험을 심리학주의의 입장에서 기술했던 립스(Th. Lipps)로부터 받아들였지만, 오히려 심리학주의를 비판하면서 타자경험의 구성을 해명하는 선험적 분석에 적용했다.

유럽화(europäisieren)하려는 독특한 동기(Motiv)를 느낄
수 있다.

반면 우리[유럽인]는, 만약 우리가 우리 자신을 올바로
이해하고 있다면, 가령 우리 자신을 결코 인도화(印度化)
하지는 않을 것이다. 나는 우리가 '유럽 인간성에는 본래
타고난 어떤 완전한 모습(Entelechie)이 있고, 이 모습은
유럽의 형태들의 변화를 철저히 지배하며 어떤 영원한
극(極)으로서 이상적인 삶의 형태나 존재의 형태로 발전
하는 의미를 부여한다'는 사실을 느낀다(이러한 느낌은
매우 모호하지만 충분히 정당성을 갖는다)고 생각한다.
이것은 마치 유기체적 존재들의 자연[물리]적 영역에 자
신들의 특성들을 부여하려는 목적으로 노력하는 이미 잘
알려진 유형들 가운데 하나가 여기서 중요한 문제인 경
우와 같은 것은 아니다.

따라서 종자(種子)가 여러 단계를 거쳐 성숙한 나무가
되고 [그런 다음] 말라죽어가는 생물학적 발전과 같은 것,
가령 민족들에 관한 동물학은 결코 존재하지 않는다. 민
족들은 정신적 통일체들이다. 특히 유럽이라는 초국가적
통일체는 규칙화된 반복의 형태로서 이미 도달했거나 앞
으로 도달할 수 있는 어떤 성숙된 형태도 전혀 갖고 있지
않다. 영혼을 지닌 인간성은 완성되어 존재하지도 않으

며, 결코 완성될 수도 반복될 수도 없다. 각각의 국가나 개별적 인간의 특수한 목적이 포함된 유럽 인간성의 정신적 목적(Telos)은 무한함 속에 놓여 있고, 정신적 생성작용(Werden) 전체가 이른바 은밀하게 목표로 삼아 나아가려는 무한한 이념(Idee)이다. 그것이 발전해가는 과정 속에서 일단 목적으로서 의식되자마자 곧 그 정신적 목적도 필연적으로 의지의 목적(Willensziel)으로서 실천적이 되며, 이것에 의해 규범이나 규범적 이념이 주도하는 더 높은 새로운 발전의 단계가 도입된다.

그러나 이제까지의 모든 논의는 우리의 역사성[역사적 발전]에 대한 사변적 해석이 아니라, 편견 없는 반성을 통해 떠오르는 생생한 예감(豫感)의 표현일 것이다. 하지만 이 예감은 유럽의 역사에서 가장 중요한 연관들(이것을 추구하면서 예감된 것은 확증된 확실성이 된다)을 파악할 지향적인 길잡이를 우리에게 부여해준다. 예감이야말로 모든 발견을 직감하는 실마리이다.[14]

이러한 사실을 상세히 논의해보자. 정신적 유럽은 출생지를 갖는다. 물론 이 말은 어떤 지방의 지리적인 것(이

---

14) 시간의식에 관한 후설의 분석에 의하면, 인간의 의식은 '이미 알고 있는 것'(과거지향)들에 근거한 친숙한 유형을 통해 '아직 알려져 있지 않은 것'(미래지향)들을 생생한 '지금'의 지평 속에서 미리 지시하고 해석하며 예측해가는 "예언가적 의식"(「시간의식」, 56쪽)이다.

것도 틀림없는 사실이지만)이 아니라, 어떤 국가나 그 구성원인 개인들과 인간 집단의 정신적 출생지를 뜻한다. 그런데 기원전 7세기와 6세기 고대 그리스의 도시국가에서 환경세계에 대해 독자적으로 '**새로운 종류의 태도**'가 일어났다. 그리고 이러한 태도를 시종일관 수행한 결과 체계적으로 완결된 문화의 형태로 빠르게 성장한 완전히 새로운 유형의 정신적 형성물이 출현했는데, 그들은 이것을 '**철학**'(Philosophie)이라고 불렀다. 이 말의 근원적인 의미는 '보편적 학문', 세계 전체(Weltall)에 관한 학문, 즉 모든 존재자의 전체적 통일성(Alleinheit)에 관한 학문을 뜻한다. 그 후 곧바로 전체(All)에 관한 관심 그리고 동시에 모든 것을 포괄하는 생성작용(Werden)과 이 속에서 존재(Sein)에 관한 물음은 곧 존재의 보편적 형식들과 영역들에 따라 특수하게 구분되었고, 그래서 하나의 학문인 철학은 다양한 개별과학들로 분파되었다.

그러므로 모든 학문이 함께 포함되었다는 이러한 의미로 철학이 출현한 사실에서 나는, 비록 역설적으로 들릴지 모르지만, 정신적 유럽의 근원적인 현상을 보게 된다. 앞으로 더 상세하게 설명해가면, 물론 이와 같은 설명 역시 매우 불충분한 것으로 간주되겠지만, 외견상 역설(Paradoxie)로 보이는 것은 즉시 제거될 것이다.

학문으로서의 철학은 문화의 형성물에 관한 특수한 부류의 명칭이다. 유럽이라는 초(超)국가적 성격을 띤 양식으로 형태를 취해왔던 유럽의 역사적 운동은 무한함 속에 놓여 있는 규범의 형태를 추구했지만, 형태들이 계속 변화하는 가운데 단지 형태학상 외면적으로 고찰할 수 있는 규범의 형태를 추구한 것은 아니다.

▲ 이 책의 제1부를 몰두해 작성하고 있을 1934년 경 후설의 모습

끊임없이 규범에 향해 있는 것은 개별적 인간들의 지향적인 삶에, 또 이것으로부터 국가나 그 각각의 사회에, 결국 유럽으로 결합된 국가의 조직체에 내적으로 깃들어 있다. 물론 이러한 사실은 모든 인간에 내적으로 깃들어 있는 것이 아니며, 따라서 상호주관적인 작용들을 통해 구성된 더 높은 단계의 인격체 속에서 완전히 전개된 것도 아니다. 오히려 그 사실은 보편타당한 규범들을 추구하는 정신이 전개되고 확대되는 필연적 과정의 형식으로서 어쨌든 그러한 인격성에 내적으로 깃들어 있다.

그런데 이와 같은 사실은 동시에 작은 사회, 심지어 아주 작은 범위에서 효력을 발휘하게 된 이념이 형성됨으로써 인간성 전체가 전진적으로 변형되는 의미를 갖는다. 개별적 인간들 속에서 산출된 경탄할 만한 새로운 종류의 의미의 형성물인 (지향적으로 무한함을 자체 속에 간직한) 이념은 인간의 경험의 장(場) 속에 마주치는 공간, 그렇지만 인격으로서의 인간에 대해 어떤 것도 의미하지 않는, 공간 속에 있는 실재적 사물들과 같은 것은 아니다.

이념을 최초로 구상함으로써 인간은 비로소 점차 새로운 인간으로 형성된다. [그래서] 이념을 구상한 인간의 정신적 존재는 전진해가는 '새롭게 형성해가는 운동'(Neubildung) 속에 발을 들여놓게 된다. 이 새롭게 형성해가는 운동은 처음부터 서로 의사소통하는 방식으로 진행해가고, 자신의 삶의 범위에서 인격적 현존재의 새로운 양식(樣式)을 불러일으키며, 이것을 추후로 이해함(Nachverstehen)으로써 [그에] 상응하는 새로운 생성작용을 일깨운다. 이렇게 형성해가는 운동 속에는 무엇보다 우선 (그 후에는 그 형성해가는 운동 역시 초월해) 유한함 속에 살면서도 무한함이라는 극(極)을 목표로 삼아 살아가는 특별한 인간성이 확대된다.

바로 이러한 사실에 의해 새로운 방식으로 공동체의 것으로 만드는 일과 새로운 형태를 지속하는 공동체가 생긴다. 이 경우 이념을 사랑하고 산출하며 이념적인 삶을 규범화함으로써 공동체의 것이 된 공동체의 정신적 삶은 자체 속에 무한한 미래지평(未來地平)을 포함한다. 즉 그 이념에 입각한 정신을 통해 새롭게 된 세대들의 무한한 미래지평을 포함한다. 따라서 이 일은 무엇보다 그리스의 도시국가라는 독자적인 국가의 정신적 공간 속에서 철학과 철학적 공동체가 발전하는 것으로 수행된다. 이러한 사실과 일치해 인간성 전체를 매혹해 사로잡는 보편적인 문화의 정신이 우선 이 도시국가에서 일어난다. 그래서 이 정신은 새로운 역사성의 형식으로 전진해나간 하나의 변형이다.

만약 우리가 철학적 인간성이나 학문적 인간성의 역사적 기원을 추구하고 이 기원으로부터 유럽의 의미를 해명하며 그 발전의 방식을 통해 보편적인 역사에서 뚜렷하게 부각되는 새로운 종류의 역사성을 그 의미에 입각해 해명하면, 이 개괄적인 윤곽은 충실해지고 더 잘 이해될 것이다.

우선 끊임없이 새로운 특수[개별]과학들로 전개된 철학의 주목할 만한 특유성을 규명해보자. 학문 이전의 인류에도 이미 있었던 그 밖의 문화의 형태들, 즉 수공업·농경·건축술 등과 철학을 대조해보자. 이것들 모두는 확실하게 성공을 거둘 수 있는 생산의 적절한 방법을 지닌 문화적 생산물들의 부류를 나타낸다. 더구나 이것들은 환경세계 속에서 일시적인 현존재를 갖는다.

다른 한편으로 학문적 성과들은, 확실하게 성공을 거둘 수 있는 생산의 방법이 일단 획득되면, [그 밖의 문화형태들의 성과들과는] 전혀 다른 존재방식의 시간성(Zeitlichkeit)을 갖는다. 즉 이것들은 사용한다고 해서 소모되거나 소멸되지 않는다. 반복된 [학문적] 생산작용은 동등한 것을 생산하거나, 기껏해야 동등하게 사용할 수 있는 것을 생산하는 것이 아니다. 오히려 [생산한] 바로 그 사람이나 임의의 수많은 사람들이 임의의 수많은 생산물들 속에서 그 의미나 타당성[가치]에 따라 동일한 것, 즉 동일하게 같은 것을 생산하는 것이다. 서로 간의 현실적인 의사소통 속에 결합된 사람들은 오직 자신들이 생산한 것과 전적으로 동일한 방식으로 그때그때 동료들이 동등하게 생산하는 작업 속에 생산한 것을 경험할 수 있을 뿐이다. 요컨대 학문적 활동이 성취한 것은 실재적인 것(Reales)이 아니라, 이념적인 것(Ideales)이다.[15]

그러나 더욱 중요한 점은, 타당한 것으로서, 즉 진리로서 획득된 것은 더 높은 단계의 이념성을 산출할 수 있는 소재가 되는 데 유용하다는 것이며, 이러한 점은 언제나 새롭게 그러하다. 이론적 관심이 전개되면, 각각의 관심은 실로 단순히 상대적인 최종목표의 의미를 미리 받아들이지만, 그것은 보편적인 연구의 장(場)으로서, 즉 학문의 '영역'으로서 미리 지시된 무한함 속에서 항상 더 높은 단계의 새로운 목표에 이르는 통로가 된다. 따라서 학문은 과제들의 무한한 이념을 지시한다. 그리고 이 과제들의 무한함 가운데는 항상 일정한 과제가 이미 해결되었고, [그래서] 존속하는 타당성으로서 보존된다. 이와 동

---

15) 전통적으로 이념성과 실재성은 '의식'을 기준으로 그 '안과 밖'으로 구분해왔다. 그러나 후설은 '시간성'을 기준으로 삼기 때문에, 시간 속에서 일어나는 의식의 다양한 작용들도 실재적인 것이다. 따라서 이념적인 것은 '어디에나 있지만, 아무 데도 없는'(überall und nirgends) 초(超)시간적인 것이다.

시에 이 해결된 과제는 모든 것을 포괄하는 과제의 통일성으로서 과제들의 무한한 지평에 대한 전제들의 바탕을 형성한다.

그렇지만 여전히 [다음과 같은] 중요한 사실을 보충해 진술해야한다. 학문에서 개별적 연구의 성과들이 지닌 이념성, 즉 진리의 이념성은 [이전에 산출된 것과] 동일하게 되고 검증된 의미에 기초해서 단순히 반복할 수 있다는 것만 뜻하지는 않는다. 학문의 의미에서 진리의 이념은 학문 이전의 삶이 지닌 진리와 뚜렷하게 부각되기 때문이다(이에 관해 앞으로 논의할 것이다). 이러한 진리의 이념은 절대적인 진리이고자 한다. 이 속에는 각각의 사실적 검증이나 진리에 단지 상대적인 성격, 진리 자체가 소위 '무한히 멀리 떨어져 있는 점'으로 간주되는 무한한 지평을 향해 단순히 가깝게 접근하는 성격을 부여하는 무한함이 놓여 있다. 게다가 이와 상관적으로 그 무한함도 학문적 의미에서 '참된 존재자' 속에 놓여 있으며, 또한 언젠가는 수행될 수 있을 정초하는 작업의 주체인 '각자'에 대한 '보편' - 타당성 속에도 놓여 있다. 왜냐하면 이미 이 각자는 학문 이전의 삶이라는 유한한 의미에서 각자는 아니기 때문이다.

학문의 특유한 이념성을 그 학문의 의미 속에 다양하게 함축된 이념적 무한함과 함께 이렇게 특성지은 다음에는, 역사적으로 조망해보면, 다음과 같은 명제로 표명되는 대조가 뚜렷이 부각된다. 즉 철학 이전의 역사적 지평 속에서 [철학 이외의] 다른 어떤 문화의 형태들도 이와 같은 의미에서 이념의 문화는 결코 아니며, 그것은 무한한 과제들을 알지도 못하고, 전체로서 또 그것의 세부 사항 모두뿐만 아니라 그것을 생산하는 방법들에 관해서도 그 의미에 적합한 무한함을 자체 속에 지니는 이념성의 우주들(Universa)도 알지 못한다는 사실이다.

[어쨌든] 학문 이외의 문화, 즉 아직 학문이 다루지 않은 문화는 유한한 인간이 수행해야 할 과제이자 작업이다. 인간이 그 속에 살고 있는 끝없이 열린 지평은 [아직] 개척되어 있지 않다. 인간의 목적과 활동·상거래, 그의 개인적인·집단적인·국가적인 동기부여(Motivation) 그리고 신화적인 동기부여—이 모든 것은 전망할 수 있는 유한한 환경세계의 영역 속에서 진행된다. 이 환경세계에는 어떠한 무한한 과제도, 그 무한함 자체가 연구의 장(場)인 어떠한 이념적 성과도 존재하지 않는다. 더구나 그래서 이 연구의 장은 [그 속에서] 연구하는 자에 대해 그와 같이 무한한 과제가 갖는 장이 존재하는 방식을 의식에 적합하게 갖는다.

그러나 그리스 철학이 등장하고 또한 그 새로운 무한

함의 의미를 일관되게 이념화(Idealisierung)함으로써 비로소 그리스 철학이 처음으로 완성되는 가운데 이러한 관점으로 계속 진행된 변화가 일어났다. 이 변화는 결국 유한한 모든 이념과 정신의 문화 전체가 속한 인간성을 자신의 영향권 속으로 끌어들인다. 그런 까닭에 우리 유럽인에는 철학적 – 학문적 영역 이외에도 여전히 여러 가지 무한한 이념들이 존재한다. 하지만 이 이념들이 지닌 무한함에 유사한 특성들(무한한 과제·목표·검증·진리, '참된 가치' '진정한 선(善)' '절대적으로' 타당한 규범)은 무엇보다도 철학이나 그 이념성을 통한 인간성의 개조(改造)에 힘입고 있음에 틀림없다. 따라서 무한한 이념 아래 지도되는 학문적 문화는 문화 전체의 혁명화(Revolutionierung), 즉 문화의 창조자인 인간성의 [존재]방식 전체에서 작용하는 혁명화를 뜻한다. 또한 이러한 학문적 문화는 실로 무한한 과제들을 지닌 인간성으로 생성되는 과정(Werden)에서 유한한 인간성의 생성이 중단되는(Entwerden) 역사인 역사성[역사적 발전]의 혁명화도 뜻한다.

여기에서 우리는 '그리스 학문인 철학은 어쨌든 그들에게만 특별히 부각된 것이 아니며, 그들과 더불어 비로소 세상에 출현하지도 않았다'는 명백한 반론에 직면하게 된다. 그런데 그리스인 스스로도 현명한 이집트인과

바빌로니아인 등에 관해 이야기하고, 실제로 이들로부터 많은 것을 배웠다. 오늘날 우리는 인도 철학이나 중국 철학 등에 관한 수많은 연구의 저작들을 갖고 있는데, 이 경우 그 연구의 저작들은 인도나 중국 등의 철학을 그리스 철학과 동등한 수준에 배치하고 동일한 하나의 문화가 추구하는 이념 속에 있지만 단순히 다른 역사적 형태로 파악한다. 물론 이들 사이에 어떤 공통점이 분명히 없지는 않다. 그럼에도 불구하고 우리는 단지 형태학적인 일반성 때문에 지향적으로 깊이 놓여 있는 것을 은폐하도록 허용해서는 안 되며, 가장 본질적인 원리상의 차이점에 대해 맹목적이 되어서도 안 된다.

무엇보다도 동양과 서양의 '철학자'가 취하는 태도나 보편적인 관심의 방향은 확실히 근본적으로 다르다. 우리는 서양이든 동양이든 세계를 포괄적으로 이해하려는 관심을 여기저기에서 확인할 수 있는데, 이러한 관심은 양측에서, 따라서 인도 철학이나 중국 철학 또는 이와 유사한 [다른 동양의] '철학'에서도, 어떤 직업에 따른 삶의 관심의 방식에서 작용하는 곳이거나 일반적인 성과들이 세대 간에 전승되든지 명백한 동기부여로 계속 발전되는 직업적 공동체로 이끄는 곳 어디에서나, 보편적인 세계에 관한 인식으로 이끈다.

그러나 우리는 오직 그리스인에서만 순수한 '이론적' 태도라는 본질적으로 새로운 형태에 관한 보편적인('우주론적인') 삶의 관심을 발견한다. 그런데 이 태도는 내적 근거에 입각해 관심이 작용하는 공동의 형식으로서 철학자나 과학자(수학자·천문학자 등)에 상응하는 본질적으로 새로운 형태이다. 그들은, 고립되지 않고 서로 함께 또한 서로를 위한 공동의 연구에서, 따라서 개인들 상호간에 결합된 공동의 연구에서, 이론(Theoria)을 또 오직 이론만을 추구하고 성취했다. 그리고 이 이론이 성장하고 끊임없이 개선되는 가운데 공동의 연구자 단체가 확대되거나 탐구자들이 여러 세대에 걸쳐 계속 노력함으로써 궁극적으로 무한하고 모두에게 공통적인 과제라는 의미를 지닌 의지(意志)로까지 수용되었다. 그래서 이론적 태도는 그리스인에서 그 역사적 기원을 갖는다.

일반적으로 말하면, '태도'(Einstellung)란 이 태도에 의해 미리 지시된 의지의 방향이나 관심 또는 이 태도로 규정되는 궁극적인 목적·문화적인 작업수행·그 양식 전체에서 습관적으로 확립된 의지에 의한 삶의 양식을 뜻한다. 그때그때 규정된 삶은 규범의 형식으로 지속하는 이러한 양식 속에서 영위된다. [그리고] 구체적인 문화의 내용은 상대적으로 완결된 역사성 속에서 변화된다. 인류

(또는 국가나 종족 등과 같이 완결된 사회)는 그 역사적 상황 속에서 항상 어떤 태도를 취하며 살아간다. [결국] 인류의 삶은 항상 어떤 규범의 양식을 지니며, 이러한 규범의 양식으로 끊임없는 역사성과 발전을 이룩한다.

그러므로 만약 이론적 태도가 새로운 유형으로 그에 선행하는 이전의 규범적 태도로 소급해 관계된다면, 이것은 태도변경(態度變更)16)으로 특성지어진다. 인간 현존재의 역사성(Geschichtlichkeit)을 그 모든 사회의 양식과 역사적 단계에서 보편적으로 고찰해보면, 본질적으로 어떤 태도가 그 자체로 최초의 태도라는 점, 또는 인간 현존재의 어떤 규범의 양식은 (형식적 보편성에서 말하면) 최초의 역사성(Historizität)17)을 지시하고, 이 역사성 내부에서 문화를 창조하는 현존재의 그때그때 사실적 규범의 양식은, 그것이 발전하든 몰락하거나 정체하든 모든 경우에, 형식적으로는 동일한 것으로 남아 있다는 점이 분명하게 나타난다.

이러한 관점에서 우리는 본래 타고난 자연적 태도 즉

---

16) 후설이 스스로 밝히듯이, 현상학적 환원의 교육적 의의는 '상상 속의 자유로운 변경'(freie Variation im Phantasie)에서 태도변경이 어떻게 가능한지 그 근거와, 실제로 태도변경이 어떻게 이루어지는지를 구체적으로 제시한 데 있다.(『이념들』 제2권, 179쪽 참조.)

17) 주로 'Historizität'은 개인과 사회, 민족에 일어난 사건과 그 변천과정 및 흥망의 역사적 사실에 대한 총체적 기록을, 'Geschichtlichkeit'는 이러한 역사적 사실 및 과정의 의미연관에 대한 성찰과 해명을 뜻한다.

근원적인 자연적 삶의 태도를, 그리고 (고급이든 저급이든, 줄곧 발전되었든 정체되었든) 문화에 관한 최초의 근원적인 자연적 형식에 관해 이야기하게 된다. 따라서 그밖의 모든 태도는 태도변경으로서 이 자연적 태도로 소급해 관계한다. 더 구체적으로 말하면, 역사적으로 사실적인 인류의 자연적 태도로 어떤 특정한 시점에서 구체적으로 생성된 내적 혹은 외적 상황으로부터 [변화의] 동기(최초의 자연적 태도에서 개별적 인간이나 인간 집단을 어떤 태도변경으로 이끌려고 동기를 부여하는 것)가 반드시 발생한다.

그런데 인간 현존재의 역사적 근본의 방식인 본질상 근원적인 태도는 어떻게 특성지울 수 있는가? 이에 대한 우리의 답변은 이렇다. 즉 인간은 태어나면서 당연히 발생적 근거에 입각해 항상 사회 속에, 즉 가족·종족·국가 속에 살고 있으며, 이들 공동체는 다시 그 자체로 풍부하든 빈약하든 특수한 사회집단으로 나누어진다. 자연적 삶은 실로 소박하게 곧바로 세계 속에 깊이 파묻혀 살아감(Hineinleben)으로 특성지어진다. 이 세계는 보편적 지평으로서 항상 어떤 방식으로 현존하는 것으로 의식되지만, 그러나 이때 [곧바로] 주제가 되지는 않는다.[18] 인

---

18) 이렇게 소박한 자연적 태도에서 일상적 세계가 자명하게 '미리 주어져

간이 [관심을] 향한 것은 [모두] 주제가 된다. 일깨워진 삶은 항상 이러저러한 것, 즉 중요하거나 사소한 일, 어떤 목적과 수단, 관심이 있거나 없는 일, 사적이거나 공적인 일, 일상적으로 필요하거나 돌발적으로 일어난 일에 관심을 쏟고 있다는 것을 뜻한다. 이 모든 것은 세계의 지평 속에 놓여 있지만, 그와 같은 세계의 삶(Weltleben)에 사로잡힌 사람이 태도를 변경하고, 세계 자체를 어떤 방식으로든 주제로 삼고, 그 세계에 지속적으로 관심을 품도록 이끌기 위해서는 특별한 동기가 필요하다.

그러나 여기에는 더 상세한 설명이 필요하다. 태도를 변경하는 개별적 인간들도 자신들의 보편적인 생활의 공동체(자신들의 국가)에 속한 인간으로서 계속 자신들의 자연적 관심을 갖는다. 개별적 인간들은 어떠한 태도변경을 하더라도 간단히 이 관심을 잃어버릴 수 없다. 왜냐하면 이것은 각자가 출생 이후부터 계속 형성되어왔던 그 자신으로 존재하기를 중지해야 한다는 사실을 뜻하기 때문이다. 따라서 어떠한 사정에서도 태도변경은 단지 일시적일 수밖에 없다. 즉 태도변경은 무조건적인 의지의 결

있음'(Vorgegebenheit) 자체를 학문적으로 해명할 주제로 삼기 위해서는 객관적 학문에 대한 판단중지로 되돌아가는(Rückgang) 데 그치지 않고, 철저한 선험적 태도에 입각해 궁극적 근원으로 되돌아가 물음(Rückfrage)으로써 은폐되어 있는 선험적 주관성, 즉 주관과 객관의 본질적인 지향적 상관관계를 드러내 밝혀야만 한다.

단(Willensentschließung)이라는 형식으로서만 그 후의 삶 전체에 대해 습득적으로 지속하는 타당성[19]을 지닐 수 있다. 이러한 의지의 결단은 주기적이지만, 내적으로 통일된 일시적 시간 속에서 항상 동일한 태도를 다시 받아들이고, 분리된 것을 지향적으로 이어놓은 연속성에 의해 자신의 새로운 관심을 타당하면서 또한 앞으로 실행할 수 있는 관심으로서 시종일관 지켜가며, 이것을 [그에] 상응하는 문화의 형성물들 속에 실현한다.

우리는 이와 유사한 것을 실로 자연적이며 근원적인 문화의 생활, 즉 직업 이외의 삶과 자신의 주기적인 업무시간, 가령 공무원의 근무시간 등으로 등장하는 직업에서 익히 잘 알고 있다.

[그런데] 여기에는 [한편으로] 새로운 태도가 갖는 관심이 자연적 삶의 관심에 이바지하는 경우와, 본질상 동일한 것이지만, [다른 한편으로] 자연적 실천(이때 새로운 태도는 그 자체로 하나의 실천적 태도이다)에 이바지하는 경우가 있다. 실로 이 실천적 태도는 공무원(公務

---

19) 항상 어떤 태도를 취하는 경험적 자아의 모든 정립작용은, 의식흐름 속에 생성·소멸하지만, 흔적도 없이 사라지는 것이 아니라 과거지향적으로 변경되어 무의식 속에 침전된다. 이렇게 형성된 습득성은 그때그때의 생생한 경험을 규정하고 일정한 방향으로 관심을 유도하는 순수 자아의 소유물로서, 다른 동기를 지닌 의식작용으로 폐기되거나 수정되지 않는 한, 지속적 타당성을 지닌다.

員)으로서 공공의 복지에 마음을 쓰고, 따라서 그 실천을 통해 모든 사람(또한 간접적으로는 그 자신)의 실천에 이바지하려는 정치가(政治家)의 실천적 태도와 유사한 의미를 갖는다. 물론 이러한 사실은 자연적 태도의 영역에도 관련된다. 더구나 이 자연적 태도는 서로 다른 유형의 공동체의 구성원에 따라 본질적으로 분화되고, 사실상 공동체를 지배하는 통치자(統治者)에 대한 것과 그 '시민(市民)'에 대한 것(물론 이 둘은 가장 넓은 의미로 파악된 것이다)은 서로 다르다. 그러나 어떤 경우이든 이와 같은 유비(類比)는 '실천적 태도가 지닌 보편성, 특히 세계 전체에 관련된 태도가 지닌 보편성은 세계 내부에 있는 모든 개별적인 것이나 특수한 것 전체에 관심을 쏟고 몰두하는 것을 뜻할 필요는 결코 없으며, 물론 이러한 것은 생각할 수도 없을 것이다'라는 사실을 이해시켜준다.

그러나 더 높은 단계의 실천적 태도에 대립해 이와 다른 태도인 일반적인 자연적 태도를 변경시킬 본질적인 가능성이 여전히 존재한다(우리는 이것을 종교적 - 신화적 태도의 유형에서 즉시 알게 된다). 그것은 '**이론적 태도**'이다. 물론 이것은, 이론적 태도 속에서 필연적으로 발전함으로써 철학적 관조(Theoria)가 일어나고 본래의 목적이나 관심의 장(場)이 되기 때문에, 단지 잠정적으로

부른 명칭이다. 이 이론적 태도는, 비록 또 다시 하나의 직업적 태도이지만, 전적으로 비(非)실천적이다. 따라서 이 이론적 태도는 자신의 직업적 삶의 테두리에서 모든 자연적 실천과 더불어 자연적으로 필요한 것들에 이바지 하는 더 높은 단계의 실천을 자발적으로 행한 판단중지 (Epoche)[20])에 기초한다.

어쨌든 판단중지에 의해 이론적 삶을 실천적 삶에서 결정적으로 '분리해내는 것'은 결코 문제가 되지 않으며, 또는 이론가(理論家)의 구체적인 삶을 서로 어떤 연관도 없이 지속되는 삶의 두 연속성으로 나누는 것(사회적으 로 말하면, 정신적으로 어떤 연관도 없는 두 문화의 영역 이 성립한다는 의미를 갖는 것)도 전혀 문제가 되지 않는 다. 왜냐하면 (한편으로 자연적 태도 속에 기초지어진 종 교적-신화적 태도와, 다른 한편으로 이론적 태도에 대립 해) 제3의 형식인 보편적 태도가 여전히 가능하기 때문이 다. 이 보편적 태도는 이론적 태도에서 실천적 태도로 이 행될 때 수행되는 양측이 지닌 관심을 종합한 것(Synthesis) 이다. 그것은 이러한 방식으로 완결된 통일성 속에 그리

---

20) 후설의 판단중지는, 소피스트와 같이 세계를 부정하거나 회의주의자처럼 세계의 존재를 의심하는 것이 아니라, 소박한 자연적 태도로 정립한 것의 타당성을 일시 중지해(괄호 속에 묶어) 경험의 새로운 영역을 새롭게 보 려는 것이다.

고 모든 실천을 판단중지함으로써 일어나는 관조, 즉 보편적 학문이 무엇보다 구체적인 현존재로 살아가며 또한 항상 자연적으로 살아가는 새로운 방식의 인류에 이바지하도록 요청된 (그리고 이론적 통찰 자체를 통해 그 자신의 사명도 입증하는) 종합이다.

이 종합은 새로운 종류의 실천(Praxis)[21]이라는 형식으로, 즉 모든 삶과 그 목표에 대한 보편적 비판 그리고 인류의 삶에 근거해 이미 발생한 모든 문화의 형성물과 문화의 체계에 대한 보편적 비판의 형식으로 일어나며, 동시에 인류 자체에 대한 비판과, 명확하게 또는 명확하지 않게 인류를 주도하는 가치에 대한 비판의 형식으로도 일어난다. 그 결과 이러한 비판에 근거해 이루어진 실천, 즉 보편적인 학문적 이성을 통해 모든 형식의 진리의 규범에 따라 인류를 향상시키고 인류를 철저히 새로운 인간성으로 변형시키는 실천은 절대적인 이론적 통찰에 기초해서 절대적으로 스스로 책임을 질(Selbstverantwortung) 수 있

---

21) 후설에서 이론과 실천은, 전통적으로 확연히 구분해왔던 것과는 달리, 부단히 상호작용하며 전개되는 개방된 순환적 구조를 갖는다. 그는 "술어적으로 인식하는 작업수행은 그 자체로 행동"(「경험과 판단」, 232, 235쪽), "묻는 작용은 판단의 결단에 이르려고 노력하는 실천적 행동"(같은 책, 372-73쪽), "이론적인 이성적 인식작용은 실천적 이성으로부터 나온 행동"(「제1철학」, 제2권, 352쪽)이라고 주장한다. 결국 '이론적 실천'은 실천적 규범을 이론적으로 정초함으로써 이론적 태도와 실천적 태도를 근원에서 종합하려는 제3의 보편적 태도이다.

는 능력을 부여한다.

아무튼 이론적 보편성과 보편적 관심을 지닌 이 실천을 종합하는 것에 앞서 이론과 실천에 관해 다르게 종합하는 것이 명백히 존재한다. 그것은 이론의 제한된 성과를 활용하는 종합이고, 이론적 관심의 보편성을 특수화함으로써 포기하고 자연적 삶의 실천에 입각해서 특수[개별]과학들의 제한된 성과를 활용하는 종합이다. 따라서 이러한 종합에서 근원적-자연적 태도와 이론적 태도는 유한하게 만드는 과정을 통해 서로 결합되어 있다.

그리스-유럽의 학문, 보편적으로 말하면, '철학'(이것은 이와 동등하게 평가된 동양의 '철학들'과 원리적으로 구별된다)을 더 깊게 이해하기 위해서는 유럽의 학문에 앞서 그러한 철학들을 창조했던 실천적-보편적 태도를 더 상세하게 고찰하고, 이 태도를 종교적-신화적 태도로서 해명하는 일이 실제로 필요하다. 종교적-신화적 동기와 종교적-신화적 실천은 자연적으로 살아가는 모든 인간성에, 그리스 철학과 동시에 학문적으로 세계를 고찰하는 것이 출현하고 발전하기 이전에, 함께 속한다는 점은 이미 잘 알려진 사실이지만, 또한 본질적으로 통찰할 수 있는 필연성이다.

신화적-종교적 태도는 실제로 총체성(Totalität)으로서의 세계를 주제로 삼을 때, 특히 실천적 주제로 삼을 때

존재한다. 그 세계는 이 경우 당연히 문제가 되고 있는 인류(가령 민족)에서 구체적 - 전통적으로 타당한 세계, 따라서 신화적으로 통각[포착]된[22] 세계이다. 여기에는 미리 또 무엇보다 인간이나 동물, 인간이나 동물 이하의 존재뿐만 아니라 초(超)인간적 존재 역시 신화적 - 자연적 태도[의 세계]에 속한다. 이것들을 전체성(Allheit)으로서 포괄하는 시선은 실천적이다. 그러나 이 시선은 마치 자연적으로 그럭저럭 살아감(Dahin-leben)에서 어쨌든 특별한 실재성들에만 현실적으로 관심(Interesse)을 갖는 인간이 언제나 그에게 모든 것이 동일한 방식으로 갑자기 또 함께 실천적으로 중요한 일이나 되듯이 나타날 수도 있다는 것이 아니다. 하지만 세계 전체가 신화적 힘들에 의해 철저히 지배된 것으로 간주되고, 이 경우 인간의 운명이 직접적이든 간접적이든 이 힘들이 지배하는 방식에 의존하는 한, 보편적-신화적으로 세계를 고찰하는 것은 실천에 의해 최대한 고무되고 그런 다음 그 자체가 실천적인 것에 관심을 두고 세계를 고찰하는 것이 된다.

종교적 - 신화적 관심들과 그 전통을 통일적으로 주재

---

22) 통각(Apperzeption, apperzipieren)은 라틴어 'appercipere'(덧붙여 지각한다)에서 유래하며, 직접 지각함(Perception) 이외에 잠재적으로 함축된 감각들도 간접적으로 지각하는 것을 의미한다. 칸트 이후에는 새로운 경험(표상)을 이전의 경험(표상)들과 종합하고 통일해서 대상을 인식하는 의식을 작용을 뜻하기도 한다.

하는 승려계급의 통치에서 승려들은 당연히 이러한 종교적 - 신화적 태도를 취할 동기를 지녔다. 이 승려계급의 통치에서 신화적 힘들(가장 넓은 의미에서는 인격적으로 간주된 힘들)에 관해 언어로 확고하게 각인된 '앎'(Wissen)이 생성되고 유포되었다.23) [그런데] 이 앎은 소박하게 확신할 수 있는 해석으로 나타나면서 저절로 신화(神話) 자체를 변형시키는 신비적인 사변(思辨)의 형식과 같은 모습을 띠게 되었다. 동시에 [관심의] 시선은 신화의 힘들이 지배했던 그 밖의 다른 세계와 이 세계에 속한 인간이나 인간 이하의 존재(더구나 그 고유한 본질적인 존재 속에 고정되어 있지 않기 때문에 신화의 계기(契機)들이 흘러들어와 영향을 받는 것에도 개방된 존재)를, 신화의 힘들이 이 세계의 사건을 지배하는 방식을, 즉 신화의 힘들 자체가 통일적으로 최상의 힘의 질서에 분명히 수렴되어야만 할 방식을, 신화의 힘들이 개별적 기능들이나 이 기능을 수행하는 자들 속에 만들어내고 [이러한 일을] 수행하며 [자신들의] 운명을 선포하면서 [세계에] 관여하는 방식을 언제나 자명하게 함께 겨냥했다.

---

23) 신화시대에 초(超)자연적인 힘들에 관한 지식은 영감을 받은 사람만 이해할 수 있었기 때문에, 계시는 승려계급이 통치할 수 있는 권력의 근거였다. 그러나 그리스에서 학문은 지식에서 경험과 계시 그리고 이에 상응해 존재에서 자연적인 것과 초자연적인 것의 구별이 과학적 사고로 해소되기 시작함으로써 탄생했다.

그러나 이러한 사변적인 앎은 모두 인간이 세계에서 살아가는 것을 가능한 한 행복하게 만들고 삶을 질병과 모든 종류의 불행, 고난과 죽음으로부터 보호할 수 있는 그 인간의 목적에 이바지하는 것을 목표로 삼는다. 이러한 신화적-실천적으로 세계를 고찰하는 것과 세계를 인식하는 것에서는 학문적으로 경험을 인식함으로써 알려진 사실적 세계에 관한 (나중에 학문적으로 평가된) 다양한 인식들도 분명히 나타날 수 있다. 그러나 이 인식들은 그들의 고유한 의미의 연관 속에 있으며, 신화적-실천적인 것으로 남아 있다. 그리고 만약 그리스에서 창조되었고 근대에도 계속 형성된 학문적 사고의 방식으로 교육을 받은 사람이 참으로 인도나 중국의 철학과 과학(천문학·수학)을 논의하고, 따라서 인도나 바빌로니아, 중국을 유럽식으로 해석한다면, 그것은 전도(顚倒)된 것이고 또 다른 의미의 왜곡(歪曲)이다.

어쨌든 보편적이지만 신화적 – 실천적 태도와 이제까지 논의한 모든 의미에서 비(非)실천적인 '이론적' 태도가 날카롭게 대조되는데, 이것은 그리스 철학에서 최초의 절정을 이루었던 시기에 위대한 철학자인 플라톤과 아리스토텔레스가 철학의 근원(Ursprung)으로 되돌아가 밝혀낸 경탄(thaumazein)하는 태도이다. 모든 실천적 관심을 외면하고,

자신이 인식하는 활동의 폐쇄된 범위에서 또 이것에 전념한 시간에서 오직 순수한 관조(Theoria)에만 힘을 기울여 성취하려고 세계를 고찰하고 세계를 인식하는 열정(熱情)이 인간의 마음을 사로잡았다. 요컨대 인간은 세계에 관계하지 않는 방관자(Zuschauer), 세계를 조망하는 자(Überschauer)가 되었고, [비로소] 철학자(Philosoph)가 되었다. 오히려 그때 이후 인간의 삶은 이러한 태도 속에서만 얻을 수 있는 동기를 받아들이는 감수성과 그것을 통해 결국 철학이 생기고 인간 스스로 철학자가 될 수 있을 새로운 종류로 사고하는 목표와 방법을 받아들이는 감수성도 획득했다.

물론 이론적 태도가 출현한 것은, 역사적으로 생성된 모든 것과 마찬가지로, 그 사실적 동기부여를 역사적 사건들의 구체적인 연관 속에 갖는다. 따라서 이러한 관점에서 '기원 전 7세기 그리스 인간성이 위대하고도 이미 고도의 문화를 갖춘 환경세계의 민족들[24]과 교류하면서 삶의 방식과 생활의 지평으로부터 어떻게 그와 같은 경탄을 제기할 수 있었고, 무엇보다 개별적 인간에게 습득될 수 있었는가?' 하는 문제를 해명하는 것이 중요하다.

---

24) 가령 나일강의 범람으로 인한 토지측정술을 개발하고 10진법을 토대로 정밀한 태양력을 세우고 거대한 피라미드를 건설한 이집트, 10진법과 60진법을 병용해 시간과 방위를 정립하고 현대 천문학의 기초를 다진 바빌로니아를 들 수 있다.

이 점에 대해 더 상세히 논의하지는 않겠다. 우리에게 더 중요한 일은 단순한 태도변경이나 경탄에서 관조로 이끌어간 동기부여의 경로, 즉 그 의미를 부여하고 창조한 동기부여의 경로를 이해하는 것이기 때문이다. 어쨌든 이것은 그 속에 자신의 본질적인 요소를 반드시 갖는 하나의 역사적 사실(Faktum)이다.

[그러므로] 근원적인 관조에서 즉 완전히 '무관심하게' 모든 실천적 관심을 판단중지해서 생긴 세계를 바라보는 것(Weltschau)(단순한 바라보는 것에 기초해 세계를 인식하는 것)에서 학문의 고유한 관조로 변경된 것을 해명하는 일이 중요하다. 그리고 이 양자는 '주관적 의견'(doxa)과 '객관적 인식'(episteme)[25]을 대조해봄으로써 매개된다. 그러한 '경탄'으로 일어나기 시작한 이론적 관심은 명백히 호기심이 변형된 것인데, 이 호기심은 '진지하게 살아가는' 과정이 중단된 것으로서, 근원적으로 형성된

---

25) 플라톤은 「국가」(Politeia) 제6권 '선분의 비유'(509d-511e)에서 감각을 통해 대상을 상상하거나 실재를 확인하는 '주관적 의견'과, 지성이 이데아(형상)를 직관하는 '객관적 인식'을 구분하고, 논박에 대한 근거를 제시할 수 없는 주관적 의견은 참된 경우에만 객관적 인식에 이를 수 있는 낮은 단계로 보았다. 그리고 이러한 평가는 그 후에 서양철학의 확고한 전통으로 굳어졌다.
그러나 후설은 단순히 주관에 상대적이라 확실하지 않다고 경멸되었던 주관적 의견은 이성이 형상(본질)을 직관하기 위한 최초(예비)의 형태이며, 그 최종의 형태인 객관적 인식이 의미와 타당성을 갖는 근거이기 때문에, 주관적 의견이 객관적 인식보다 근원적이며 더 높은 가치를 갖는다고 파악한다.

삶의 관심이 마무리된 것으로서, 혹은 직접적인 실제생활의 필요가 만족되거나 업무시간이 지난 다음 여가시간에 두루 조망해보는 것으로서 자연적 삶 속에 그 근원적인 위치를 갖는다. 이 호기심(여기에서는 습득적인 '악덕'으로 이해된 것이 아닌)도 하나의 변경이며, 삶의 관심에서 벗어나 해방된 관심이다.

이러한 태도로 사람들은 우선, 자신의 민족이든 낯선 민족이든, 다양한 민족들을 고찰한다. 각각의 민족은 그들의 전통들·여러 신들·정령들·신화적 힘들을 갖고 그들에게 단적으로 자명한 실제의 세계로 간주된 그들 고유의 환경세계를 갖는다. 이 경탄할 만한 대조를 통해 세계에 대한 표상과 실제적인 세계의 차이가 밝혀지고, 진리에 관한 새로운 물음이 발생한다. 따라서 그것은 전통적으로 결합된 일상적 진리에 관한 물음이 아니라, 전통에 더 이상 맹목적이지 않는 모든 사람에 대해 모두 동일하게 타당한 진리, 즉 진리 그 자체에 관한 물음이다. 그래서 인간이 자신의 미래 삶에 이바지하고 보편적 삶의 의미에서 관조(觀照)의 과제에 이바지하며, 이론적 인식의 토대 위에 이론적 인식을 무한히 구축하도록 끊임없이 또 미리 결심한다는 사실은 철학자의 이론적 태도에 속한다.

동시에 탈레스(Thales)[26] 등과 마찬가지로 개별화된 인격들에서 새로운 인간성, 즉 철학적 삶과 새로운 종류의 문화의 형태인 철학을 직업적으로 창조하는 인간이 생겼다. 그리고 당연히 이에 상응해 [철학을] 사회화하는 새로운 종류의 직업도 즉시 생겼다. 관조의 이러한 이념적 형성물들은 [다른 사람들이] 추후로 이해하고 추후로 생산함으로써 즉시 함께 존속되고 함께 이어졌다. [그래서] 이 형성물들은 곧바로 공동의 연구로 이끌고, 비판을 통한 공동의 협력으로 이끈다. 따라서 철학자가 아닌 국외자(局外者)도 특별한 행동이나 활동에 주의를 기울이게 되었다. 이러한 사실을 추후로 이해하면서 그들은 실로 스스로 '철학자'가 되거나, 또는 직업에 매우 강력하게 구속된 경우에는 '[철학을] 함께 배우는 사람'이 되었다. 그 결과 철학은 철학자들의 직업적 공동체가 확장되고 또 [철학을] 교육하려는 공동체의 운동이 함께 확장되는 이중의 방식으로 확대되었다.

그러나 민족의 통일성이 나중에 [철학의] 교육을 받은 사람과 교육을 받지 않은 사람으로 내적으로 분열되는 극히

---

26) 그리스에서 출발한 자연철학은 초(超)자연적인 힘들이 지배하는 미지(未知)의 세계를 구체적인 인간과 인간사의 모습으로 묘사하고 마법과 주술적 계시를 통해 설명하던 신화시대의 모호한 아지랑이를 과감히 걷어 버리고, 자연의 현상을 합리적이고 객관적인 과학적 지식의 형태로 파악하고자 자연이 생성되는 원리이자 근원(arche)을 탐구해 자연(Nature)을 발견하기 시작했다. 탈레스(B.C. 624?-546?)는 이러한 자연철학의 선구자이자.

운명적인 사건의 근원도 여기에 놓여 있다. 하지만 이렇게 확장되는 경향이 철학이 발생한 그리스 민족에서 제한을 받는 것은 분명히 아니다. 철학은 다른 모든 문화적 산물과 달리 민족적 전통의 토대에 결합된 관심의 운동은 결코 아니다. 철학에 생소한 민족도 추후로 이해해 배우고, 철학에 의해 전파된 거대한 문화적 변혁에 일반적으로 관여한다. 어쨌든 바로 이러한 사실의 특성도 묘사되어야만 한다.

탐구(Forschung)와 교육(Bildung)의 형식을 통해 확장된 철학으로부터 정신적으로 이중의 효과가 나타났다. 즉 한편으로 철학적 인간이 취한 이론적 태도의 가장 본질적인 것은 비판적 자세에 고유한 보편성이다. 이것은 곧 전통적으로 미리 주어진 우주[세계] 전체에 대해 그 자체로 참된 것, 즉 이념성을 묻기 위해 미리 주어진 어떠한 의견이나 전통도 의심하지 않고는 결코 받아들이지 않도록 결심하는 자세이다. 그러나 이것은 단순히 하나의 새로운 인식하는 자세는 아니다. 총체적인 경험을 이념적 규범, 즉 절대적 진리의 규범에 종속시키려는 요구에 의해 인간 현존재의 총체적인 실천과 문화의 생활 전체에 걸친 모든 실천에 광범위한 변화가 그러한 자세에서 즉시 나타난다. 그래서 이러한 실천은 더 이상 소박한 일상적 경험이나 전통에서가 아니라, 객관적 진리에서 그 규범을 이끌어내야만 했다. 따라서 이념적 진리는 교육하는 활동에서 또 어린이교육에 끊임없이 적용하는 가운데 보편적으로 변형된 실천을 수반하는 하나의 절대적 가치가 된다.

만약 우리가 이렇게 변형되는 방식을 더 상세히 고찰해보면, 다음과 같은 것을 불가피한 일로서 즉시 이해하게 된다. 그것은 만약 진리 그 자체의 일반적 이념이 인간의 삶 속에 나타나는 (실제적인 상황의 진리이든 추정적인 상황의 진리이든) 모든 상대적 진리의 보편적 규범이 되면, 그 사실은 법률·미(美)·합목적성·지배적인 인격의 가치·인격적 품성에 관한 가치 등 즉 모든 전통적 규범에 대해서도 영향을 끼친다는 점이다.

그러므로 새로운 문화의 작업수행과 상관적으로 특별한 인간성이 생기고 또한 생활상 특별한 직업이 생긴다. 철학적으로 세계를 인식하는 것은 단순히 이러한 특별한 종류의 성과들만 산출해낸 것이 아니라, 역사적 전통(이 속에 깊이 파묻혀 사람들은 교육을 받고 여기에서 그 타당성을 받아들인다)의 목적들인 그것의 모든 요구나 목적을 지니고 그[철학] 밖의 실천적 삶 전체에 즉시 관여하는 인간적 자세도 산출해낸다. 그래서 순수한 이념적 관심을 지닌 새롭고 또 긴밀한 공동체가 그 인간들(모든 사람에 유용할 뿐만 아니라 동일하게 소속된 자산인 이념들에 몰두해 결합된 인간들) 사이에서 설립된다고 말할 수도 있다.

따라서 특별한 종류의 공동체의 활동, 즉 서로 도움이 되는 비판을 수행하면서 서로를 위해 공동으로 연구하는 활동이 필연적으로 형성되며, 이 활동으로부터 순수하고 절대적인 진리의 타당성이 공동의 재산으로 생긴다. 게다가 이 공동체의 활동에서 추구되고 수행된 것을 [다른 사람이] 추후로 이해함으로써 그러한 관심이 계속 전파되는 필연적인 경향이 발생한다. 그래서 철학을 하는 사람들의 공동체 속에 아직 철학적이지 않은 사람들을 점차 끌어들이려는 경향도 발생한다. 그리고 이러한 경향은 무엇보다도 [철학이 발생한] 본고장의 민족 내부에서 발생했다. [또한] 그 확장은 오직 직업적인 사회의 범위를 훨씬 넘어서 포괄적으로 전개되어 교육[교양]운동으로서 일어났다.

그런데 이 교육운동이 점차 민족적 범위로 확대되고, 자연스럽게 생활이 비교적 넉넉한 상류사회와 지배계급에 확대되면, 어떠한 결과들이 나타나겠는가? 명백히 그 결과들은 전체적으로 만족하고 있던 정상적인 민족국가의 생활을 단순히 동질적으로 변화시키도록 이끄는 것이 아니라, 아마도 민족국가의 생활과 민족문화 전체가 근본적으로 대변혁을 겪는 커다란 내적인 분열을 초래할 것이다. 전통에 만족하는 보수적인 사람들과 [이들에 비판적인] 철학자의 집단은 서로 대항해 싸울 것이고, 확실히 그 투쟁은 정치권력의 영역에서 진행될 것이다. 그리고 이미 철학이 출발한 다음부터 박해는 시작되었다.[27) [결국] 철학의 이념들에 헌신해 살아가는 사람들은 배척되었다. 그럼에도 불구하고 그 이념들은 어떠한 경험에 근거한 [현실적] 권력보다 더 강했다.

▲ 소크라테스의 죽음-자크 루이 다비드가 1787년에 그린 그림.

---

27) 이것은 부모의 재산과 명예를 이어받아 출세할 수 있는 기술을 가르치고 돈을 받았던 소피스트들의 무지(無知)를 논박술(elenchos)을 통해 폭로하고 각자의 영혼을 산파술(maieutike)을 통해 스스로 완성할 것을 역설한 소크라테스의 도덕혁명에 대해 그 당시 지배계층은 기존의 도덕체제와 사회질서를 위협하는 정치혁명으로 간주해 소크라테스를 고소하고 사형에 처한 사건을 뜻한다.

또한 여기에서 어떠한 민족적 제약에서 전통적으로 주어진 각각의 모든 것에 대항해 보편적인 비판적 태도에 입각해 성장한 철학이 확장되는 일은 결코 저지되지 않는다는 사실을 고려해야만 한다. 물론 [철학에는] 학문 이전의 문화의 어떤 수준 속에 자신의 전제들을 갖는 보편적인 비판적 태도를 취할 수 있는 능력만이 현존하는 것임에 틀림없다. 그래서 진보해가는 보편적 학문이 우선 서로 생소한 민족들에 대해 하나의 공동의 재산이 되고, 학문적 공동체와 교육의 공동체의 통일성이 많은 민족들에 의해 수행됨으로써 민족적 문화의 근본적인 대개혁은 계속 전파된다.

그런데 전통과 관련해 철학이 태도를 취하는 중요한 점을 여전히 언급해야만 한다. 결국 여기에서 두 가지 가능성이 주목되어야만 한다. 즉 전통적으로 타당하게 간주된 것이 [철학에 의해] 완전히 배척되는 가능성, 또는 그 내용이 철학적으로 이어지고 이것에 의해 철학적 이념성의 정신 속에 새롭게 형성되는 가능성이다.

여기에서 특히 현저한 특성은 종교의 경우이다. 그러나 나는 이것에서 '다신교(多神敎)의 종교들'은 배제하겠다. 다신교의 신들, 모든 종류의 신화의 힘들은 동물이나 인간과 같은 동일한 실제성을 지닌 환경세계의 객체들이다.

개념상으로 신(神)은 본질적으로 단수(單數)이다. 하지만 인간의 입장에서 보면, 신의 존재와 그 가치의 타당성이 절대적으로 내적으로 결합된 것으로 경험된다는 사실은 신의 개념에 속한다. 이와 같은 점에서 실로 그러한 절대성과 철학적 이념들이 지닌 절대성이 밀접하게 융합되어 나타난다. 철학에서 출발하는 보편적으로 이념화(理念化)하는 과정 속에 신은 요컨대 논리화(論理化)되고, 더구나 절대적 이성(Logos)을 지닌 담지자(擔持者)가 된다. 그 밖에도 나는 종교가 참된 존재를 정초하는 본래의 그리고 가장 심오한 방식으로서 신앙의 명증성을 신학적 증거로 삼는다는 사실에서 이미 그 논리적인 것을 파악했다. 그러나 민족적 신들은 환경세계의 실재적 사실들로서 의심할 여지없이 현존한다. [하지만] 철학에 앞서 어느 누구도 [이에 관해] 인식비판적인 물음이나 그 명증성에 관한 물음은 결코 제기하지 않았다.

나는 비록 도식적이지만 본질적으로 한 쌍의 그리스의 특수한 사례들로부터 '인간의 현존재와 문화의 생활 전체의 변화가 우선 자신의 민족에서, 그런 다음 가장 인접한 민족들에서 어떻게 진행될 수 있었는가'를 이해할 수 있게 해주는 역사적 동기부여를 실제로 이미 묘사했다. 그러나 이것으로부터 완전히 새로운 종류의 초(超)민족성이 발생할 수 있었다는 사실도 실로 명백하다.

물론 나는 '유럽'이라는 정신적 형태를 말하고 있다. 실로 이것은 단지 무역전쟁이나 주도권 쟁탈전을 통해서만 서로 영향을 주는 상이한 민족들이 공존한다는 것은 결코 아니다. 오히려 그것은 철학과 철학의 개별과학들에서 유래하는 새로운 정신, 즉 무한한 과제를 향해 자유롭게 비판하고 규범화(規範化)하는 정신이 새로운 무한한 이상(理想)을 창조하는 인간성(Menschentum)을 철저히 지배한다는 사실을 나타낼 뿐이다! 이것은 그 민족에 속한 개별적 인간을 위한 이상이고, 민족 자체를 위한 이상이다.

그러나 결국 이 이상은 여러 민족들 사이에서 광범위하게 확장된 종합에서 각 민족이 곧바로 무한한 정신 속에 그들 고유의 이상적인 과제를 추구함으로써만, 그들이 함께 통합된 민족에 자신들의 최선을 다한다. 이렇게 기여하고 그것을 받아들이는 가운데 민족을 초월하는 전체성이 모든 단계의 사회성과 함께 떠오르고, 여러 가지로 무한히 나누어졌지만 어쨌든 유일한 무한한 과제를 추구하는 정신으로 충만해진다. 이념적으로 방향이 정해진 이러한 사회성 전체에서 철학 자체는 자신의 주도적인 기능 속에 또 자신의 특별한 무한한 과제 속에 계속 머물게 된다. 요컨대 철학 자체는 모든 이상과 총체적 이상도 함께 포괄하는, 따라서 모든 규범의 우주[전체]를 함께 포괄하는 자유롭고도 보편적인 이론적 성찰의 기능(Funktion) 속에 계속 머물게 된다. [따라서] 철학은 유럽 인류 속에서 인류(Mendchheit) 전체의 원리적으로 존재하는(archontisch) 기능인 자신의 기능을 끊임없이 실행해야만 한다.

◀ 피사의 사탑
갈릴레이가 물체의 자유낙하 법칙을 실험한 장소로 일려진 이 피사 대성당의 종루는 1173년 착공 당시에는 수직이었으나 점차 기울어졌다.
이 모습은 후설이 서양 과학문명이 위기에 처한 원인을 "길을 잘못 들어선 합리주의"라는 비판을 상징적으로 보여주고 있다.

II. 유럽 학문이 위기에 처한 원인은 길을 잘못 들어선 합리주의

그러나 이제 확실히 매우 끈질기게 달라붙는 오해와 의심에 관해 언급해야만 하겠다. 그런데 이것들은 유행에 따른 선입견과 상투적인 어법(語法)에서 자신들이 시사하는 힘을 얻는 것으로 보인다.

지금 이 강연에서 주장한 내용은 곧 우리 시대에 거의 적절치 않은 것들, 즉 공허한 교양추구(教養追求)나 주지주의(主知主義)의 속물근성(俗物根性)이라는 나쁜 결과로 필연적으로 빠진 합리주의나 [천박한] 계몽주의, 세계로부터 소외된 이론으로 자신의 모습이 은폐된 주지주의에 대한 명예를 회복하고자 시도하는 것은 아닌가? 그것은 학문이 인간을 현명하게 만든다거나, 운명을 극복해 이에 만족하는 진정한 인간성을 창조하도록 요청되었다는 숙명적인 오류로 다시 되돌아가려는 것을 의미하지는 않는가? 이와 같은 [나의] 생각을 오늘날 누가 진지하게 받아들일 것인가?

이와 같은 반론은 17세기부터 19세기 말까지 유럽이 발전해온 상태와 관련해 확실히 상대적인 정당성을 지닌다. 그러나 이 반론은 내가 이제껏 서술한 본래의 의미와 일치하지 않는다. '추정적으로 보면 반동가(反動家)인 내가 오늘날 [흔히 볼 수 있는] 말로만 매우 급진적인 태도를 취하는 사람들보다 훨씬 더 급진적(radikal)이고 훨씬 더 혁명적(revolutionär)'이라고 나는 생각한다.28)

나 역시 '유럽의 위기'는 '길을 잘못 들어선 합리주의'29)가 원인이라고 확신한다. 그러나 그것은 마치 합리성(Rationalität) 자체가 악(惡)이라든가, 인류의 실존 전체에서 단지 부차적인 사소한 의미라는 견해를 뜻하지 않는다. 우리가 일관되게 논의한 그와 같이 높은 [차원의] 진정한 의미의 합리성은 그리스 철학의 고전(古典)을 이룬 시대에 이상(理想)이었던 합리성, 본원적으로 그리스적인 의미의 합리성이다. 물론 이 합리성은 여전히 스스로를 성찰하는 수많은 해명을 요구하지만, 성숙한 방식으로 발전하도록 요청한다. 다른 한편 우리는 계몽주의 시대의 합리론으로서 이성(ratio)이 발전해나간 형태는, 비

---

28) 후설이 "내가 본 것을 단지 제시하고 기술할 뿐이지, 결코 가르치려고 시도하지는 않는다"(「위기」, 17쪽)고 분명히 밝혔음에도 불구하고, 이렇게 자신 있게 스스로를 혁명가로 자처할 수 있는 근거는 (선험적) 자아의 참모습을 보고 해명하는 철학적 실천을 통해 인간성의 진정한 삶을 현상학적으로 개혁할 수 있다고 확신했기 때문이다.

29) 후설은 「위기」에서 이 합리주의를 '물리학적 객관주의'라고 부르고, 근대철학사를 목적론적으로 해명한다. 그리고 이 물리학적 객관주의가 선험적 주관주의로 전환되어야만 인간의 삶에서 의미와 가치의 문제가 소외된 현대의 학문과 인간성의 위기를 근본적으로 극복할 수 있다고 역설한다.

록 이해할 수 있는 이탈이었더라도, 어쨌든 하나의 이탈이라는 사실을 기꺼이 승인한다(독일의 관념론은 이러한 통찰에서 우리보다 훨씬 오래 전에 앞서 나갔다).

'이성'(Vernunft)은 폭넓은 표제(表題)이다. 오래됐지만 훌륭한 정의(定義)에 따르면, 인간은 이성적으로 살아가는 존재이며, 이러한 넓은 의미에서 파푸아인도 사람이지 동물은 아니다. 인간은 자신의 목적을 갖고 실천적 가능성을 숙고하면서 스스로를 성찰하면서 행동한다. [그 결과] 이룩된 성과들과 방법들은 전통 속으로 편입되고, 그 합리성을 통해 여러 번 반복해서 [다른 사람들에 의해] 이해된다. 어쨌든 인간, 심지어 파푸아인도 동물과 대립된 동물성(Animalität)[30]의 새로운 단계를 제시하듯이, 철학적 이성은 인류와 인류의 이성에 새로운 단계를 제시한다. 그런데 무한한 과제에 대한 이상적 규범을 지닌 인간의 현존재, 즉 '영원의 상(相) 아래'[31] 현존재(Dasein)의 단계는 (본래 철학의 이념에 포함된) 절대적 보편성 속에서만 가능하다. 보편적 철학은 [이에 근거한] 모든 개별 과학과 함께 유럽 문화의 현상에서 부분을 형성하지만, 이 부분이 소위 '기능하고 있는 뇌수(腦髓)'(참된 건전한

---

30) 이 말의 의미에 관해서는 앞의 역주 6을 참조.

31) 스피노자(B. Spinoza)에 따르면, '영원의 상 아래' 인식하는 것은 사물을 우연히 고립된 것이 아니라 필연적 인과관계로 직관하는 것이다.

유럽의 정신성은 곧 이것의 정상적인 기능에 의존한다)
라는 사실은 내가 서술한 전체의 의미 속에 밝혀져 있다.
따라서 보다 높은 인류나 이성을 지닌 인간성은 진정한
철학을 요구한다.

그러나 실로 여기에 위험이 도사리고 있다! 왜냐하면
우리는 '철학'에서 그때그때 시대의 역사적 사실인 철학
과, 무한한 과제를 지닌 이념인 철학을 충분히 구별해야
만 하기 때문이다. 그때그때 역사상 실제로 존재하는 철
학은 무한함이라는 주도적인 이념을 실현하고 동시에 진
리의 총체성도 실현하는 데, 많든 적든, 성공한 시도이다.
실천적 이념, 곧 영원한 극(極)으로 간취된 이념(사람은
그의 생애 전체에 걸쳐 후회 없이, 즉 스스로에 성실하지
못해 매우 불행해지지 않는다면 이 이념에서 벗어날 수
없다)은 이제까지의 조망에서 결코 참으로 명확하게 규
정되어 있지 않다. 그것은 단지 애매한 일반성의 모습으
로 예견될 뿐이다. [이념이] '규정되어 있는 것'(Bestimmtheit)
이란 구체적으로 작업이 착수되고, 적어도 상대적으로는
성공한 실행을 통해야 비로소 그 결과가 나타나는 것이
다. [그러나] 여기에는 곧 뒤따르는 모순들로 그 보복이
되돌아오는 일면성과 성급하게 만족함에 빠지는 위협이
끊임없이 도사리고 있다. 따라서 [여기에] 아무튼 서로

양립할 수 없는 철학적 체계의 거창한 주장들이 대조를 이룬다. 더구나 전문화(專門化)의 필연성과 또 그 위험이 초래된다.

그러므로 일면적 합리성은 물론 악(惡)이 될 수도 있다. 또한 우리는 다음과 같이 말할 수 있다. 즉 철학자들이 자신들의 무한한 과제를 무엇보다 절대적인 필연적 일면성에서만 이해하고 다룰 수 있다는 사실은 이성의 본질에 속한다. 이러한 주장 자체에는 어떠한 불합리한 점이나 오류도 없다. 오히려 이미 서술했듯이, 이성에 대한 직접적인 필연적 길은 철학자들에게 우선 그 과제의 한 측면을 파악하게 만들며, 바로 존재자의 총체성을 이론적으로 인식하는 무한한 과제 전체가 여전히 [그들이 파악한 것과] 다른 측면을 갖는다는 사실을 주목하지 않은 채 그 과제의 한 측면만을 파악하게 만든다. 만약 불충분한 사실이 명석하지 않은 것들과 모순들을 통해 드러나면, 이것은 곧 보편적 성찰로 향하는 실마리의 동기를 부여해 주는 것이다.

따라서 철학자는 철학의 참된 또 완전한 의미에, 즉 철학의 무한한 지평의 총체성에 충분히 정통하도록 항상 겨냥해야 한다. 어떠한 인식의 계열이나 개별적 진리도 절대화되거나 고립되어서는 안 된다. 스스로 무한한 과제의 한 분과가 되는 이 최고의 자기의식(自己意識) 속에서만 철학은 자신을 실현하고 이것을 통해 진정한 인간성을 실현하는 궤도 위에서 진행시켜가는 기능을 충족시킬 수 있다. 그러나 이와 같은 사실을 인식하는 일도 '스스로를 성찰하는[자기성찰]'(Selbstbesinnung) 최고의 단계에 있는 철학의 인식영역에 함께 속한다. 이렇게 끊임없이 반성함으로써만 철학은 보편적 인식이다.32)

나는 앞에서 '철학의 길은 소박함(Naivität)을 넘어서는 것'이라고 말했다. 그런데 이제 여기에서는 오늘날 매우 찬양받는 비합리주의(非合理主義)33)를 비판할 차례이다. 즉 철학적 합리성 자체로 간주되지만, 르네상스 이래 근대 철학 전체의 특징인 스스로를 실제적 합리주의, 보편적 합리주의로 간주한 합리주의의 소박함이라는 그 가면을 벗겨야 한다. 따라서 모든 학문, 심지어 고대에 발전적으로 출발한 학문들은 그것이 출발한 이래 불가피하게

---

32) 후설에 따르면, 철학은 일상적 삶 속에 은폐된 이성을 드러내 밝히는 가장 깊은 보편적으로 자기를 이해하는 것으로서, 이성이 역사적 운동 속에 스스로를 실현시켜 형성해가는 장소이다. 그리고 이 속에서만 인간성이 보편적으로 스스로 책임을 지는 일이 수행된다.

33) 이것은 후설 현상학에서 직관의 방법을 적극적으로 수용하지만 선험적 자아를 추상적이라고 거부한 셸러(M. Scheler)나 하이데거(M. Heidegger)의 철학을 뜻한다. 그러나 후설은 이들의 철학이 여전히 소박한 자연적 태도를 벗어나지 못한 경험적 인간학주의(Anthropologismus)이며, 실재론의 또 다른 형태로서 객관주의이며 자연주의일 뿐이라고 비판한다(「이념들」 제3권, 140쪽 참조).

이러한 소박함에 빠졌다. 더 정확하게 말하면, 이 합리주의의 소박함에 가장 일반적인 명칭은 정신(Geist)을 자연화(自然化)한 자연주의(Naturalismus)의 다른 유형들로 형성된 '객관주의'(Objektivismus)이다. 고대 철학이나 근대 철학은 곧 [이러한 의미의] 소박한 객관주의였고, 지금도 그러하다.

그러나 더 정당하게 평가하려면, 칸트에서 시작한 독일의 관념론은 그 당시에 이미 미묘하게 형성된 소박함을 극복하는 데 매우 열정적으로 노력했다는 점과, 그 관념론은 실제로 철학과 유럽 인간성의 새로운 형태를 결정할 더 높은 단계의 반성에 도달할 수 없었다는 점을 부가해야만 한다.[34]

[어쨌든] 나는 개괄적인 암시를 통해서만 나의 주장을

---

34) 후설이 선험적 현상학을 발전시켜가면서 많은 영향을 받았던 칸트에 대해 이렇게 평가하는 이유로는 ① 칸트가 의미의 궁극적인 규정을 주관성과 객관적인 것의 상관관계 속에 추구했지만 그 상관관계의 참된 의미, 즉 '구성'(Konstitution)이라는 선험적 문제의 의미를 더 파고들어가지 않았다는 점, ② 칸트가 '선험적 연역'에서 궁극적인 원천을 정초하고자 했지만 형식논리학을 그 자체로 완결된 것으로 간주해 대상이 스스로 주어지는 주관적 측면을 고려하지 않았고 또한 모든 학문적 사고에 앞서 언제나 경험을 통해 친숙하게 알려진 자명하게 미리 주어진 '생활세계'(Lebenswelt)를 단지 전제했을 뿐 문제로 삼지 않았다는 점으로 요약할 수 있다.
요컨대 칸트에서 '선험적'에 대립된 것은 '경험적'(empirisch)이지만, 후설에서 그것은 '세속적'(mundane)이다. 따라서 '선험적'이라는 용어의 근원적인 의미도 후설과 칸트의 경우 상당히 다르다.

알기 쉽게 설명할 수 있을 것이다. (만약 우리가 철학 이전의 시대를 가정해보면) 자연적 인간은 그가 염려하고 행위하는 모든 것에서 [관심을] 세계로 향한다. 그의 생활의 터전이나 활동의 영역은 시간·공간적으로 그를 에워싸고 확장되는 (그가 자신을 그 한 부분으로 간주한) 환경세계이다. 이러한 사실은 이론적 태도에서도 유지되는데, 이 태도는 무엇보다 탈신화화(脫神話化)된 세계에 관여하지 않는 방관자의 태도이다.

또한 철학은 세계 속에서 존재자의 우주를 고찰하며, 세계는 세계에 대한 표상(민족이든 개인이든 주관적으로 변화하는 세계에 대한 표상)에 대립해 객관적 세계가 되고, 따라서 진리는 객관적 진리가 된다. 그래서 철학은 우주론(Kosmologie)[35])으로 출발했고, 자명하게 그 이론적 관심에서 우선 물체적인 자연으로 향했다. 왜냐하면 시간·공간적으로 주어진 모든 것은 어느 경우든 적어도 그 기반에 따라 물체성이 현존재하는 양식을 갖기 때문이다. 인간이나 동물은 단순한 물체는 아니지만, 환경세계로 향한 시선의 방향에서 보면 물체적으로 존재하는 것, 보편적 시간·공간성 속에 배치된 실재성으로 나타

---

35) 탈레스 이래 자연철학자들이 인간을 에워싼 환경세계, 즉 자연의 현상을 그 생성원리(arche)를 통해 탐구한 것은 실제로 우주론의 형태를 띤 것이었다.

난다. 그러므로 모든 영혼의 사건, 즉 경험하고 사고하고 욕구하는 등 그때그때 자아의 사건들은 어떤 객체성 (Objektivität)을 지닌다. 이 경우 가족이나 종족 등의 공동체의 삶은 심리물리적인 객체들인 개별적 개인들의 삶 속으로 해소되는 것으로 보인다. 왜냐하면 심리물리적인 인과성을 통한 정신적 결합에는 순수한 정신적 지속성이 없고, 언제나 물리적 자연이 개입하기 때문이다.

역사적으로 발전해나간 경로는 환경세계에 대한 이러한 태도를 통해 확실하게 미리 지시된다. [따라서] 환경세계에서 발견할 수 있는 물체성에 아주 잠시만 시선을 향해보아도, 실로 자연은 완전히 동질적으로 결합된 하나의 전체라는 사실, 즉 자연은 동질적인 시간·공간성에 둘러싸여 있고 개별적 사물들로 구분되며, 이 모든 것이 '연장(延長)실체'(res extensae)로서 서로 동등하게 또 서로 인과적으로 규정되어 그 자체로 존재하는 이른바 '하나의 세계'(eine Welt)라는 사실이 분명해진다.

그래서 최초의 또 가장 위대한 발견의 첫걸음을 매우 신속하게 내딛게 된다. 그것은 이미 객관적으로 '그 자체로 존재하는 것'(An-sich)으로 간주된 자연의 유한함(자연의 개방된 무한함에도 불구하고 어떤 유한함)을 극복하는 것이다. 무한함은 우선 크기·양·수·도형·직선·

극(極)·평면 등 이념화(理念化)하는 형식으로 발견된다. [그 결과] 자연·시간·공간은 무한히 이념적으로 펼쳐질 수도 분할될 수도 있게 된다. 토지의 측정술에서 기하학이, 계산하는 기술에서 산술이, 일상적 역학(力學)에서 수학적 역학 등이 생긴다. 이러한 사실로부터 결코 어떤 가설도 형성하지 않고, 직관적으로 주어진 자연과 세계는 실로 수학적 세계(수학적 자연과학의 세계)로 변화된다.[36] 고대는 [이렇게] 선도해갔으며, 고대의 수학을 갖고 무한한 이상과 무한한 과제에 대한 최초의 발견을 동시에 수행해갔다. 그리고 이 사실은 그 이후 모든 시대에 학문들을 인도하는 별[지침]이 되었다.

그렇다면 물질적 무한함을 이렇게 발견해 이룩한 놀라운 성과는 정신적 영역에서 학문에 몰두한 연구에 어떠한 영향을 끼쳤는가? 환경세계의 태도 속에서, 즉 끊임없는 객관주의적 태도 속에서 모든 정신적인 것은 물리적인 물체성에 기초한 것으로 나타났다. 그래서 자연과학적으로 사고하는 방식이 적용되어 전달되는 일은 당연하다

---

36) 후설은 「위기」에서 근대과학이 구체적으로 직관할 수 있는 생활세계를 수량화해 추상적인 '이념과 상징의 옷'을 입힌 객관적 자연을 참된 존재로 간주한다고 구체적으로 비판한다. 그래서 자연을 발견했지만 객관성에 의미를 부여하고 해명하는 주관성을 망각한 갈릴레이(G. Galilei)를 "발견의 천재인 동시에 은폐의 천재"(53쪽)라고 부른다. 결국 실증적 자연과학이 추구한 객관적 인식은 '그 자체의 존재'가 아니라, 이것에 이르는 하나의 방법일 뿐이다.

고 생각되었다. 그런 까닭에 우리는 그것이 출발한 단계에서 이미 데모크리토스(Democritos)37)와 같은 유물론이나 결정론을 발견하게 된다.

그러나 지극히 위대한 정신의 소유자는 이러한 이론을 배격했으며, 더 새로운 양식의 모든 심리물리학(Psychophysik)에서도 물러섰다. 소크라테스 이래 특수한 인류를 통해 인간, 즉 정신적 공동체의 생활을 영위하는 인간은 인격(人格)으로서 주제가 되었다. 인간은 여전히 객관적 세계의 질서 속에 배치되었지만, 이 세계는 플라톤과 아리스토텔레스에서 실로 중대한 주제가 되었다. [그런데] 여기에서 주목할 만한 균열을 뚜렷이 감지할 수 있다. 즉 인간이 객관적 사태들의 우주에 속하지만, 인격, 즉 자아로서 인간은 목적과 목표를 지니며, 영원한 규범인 전통과 진리의 규범을 지닌다.38) [이 점에서] 고대는, 비록 머뭇거렸지만, 아무튼 [그 규범을] 상실하지 않고 발전해갔던 것이다.

이러한 논의를 이른바 근대로 넘어가보자. [근대에는]

---

37) 데모크리토스(B.C. 460-370)에 의하면, 모든 사물의 성질은 질적 차이는 없으나 모양과 크기가 다양한 원자(atoma)의 운동에 의해 결합하는 방법에 좌우된다. 또한 사고도 원자들의 물리적으로 운동하는 과정이며, 사물의 원자가 감각기관으로 흘러들어가 정교한 혼(魂)의 원자와 마주침으로써 지각이 발생한다.

38) 인간은 미리 주어진 환경세계의 객체인 동시에, 이 세계에 대해 의미를 추구하는 주체로 존재하는 역설적인 이중성을 지닌다.

수학적으로 자연을 인식하는 무한한 과제와 일반적으로 세계를 인식하는 무한한 과제가 강렬한 열정으로 수용된다. 또한 자연에 대한 인식에 도달한 엄청난 성과가 이제 정신에 대한 인식에도 주어진다. [이렇게] 이성은 자신의 힘을 자연 속에서 입증했다. "태양이 모든 것을 비춰 뜨겁게 만드는 유일한 태양이듯이, 이성도 유일하다."(데카르트)[39] [그래서] 자연과학적 방법도 정신의 비밀을 해명해야만 하며, '정신은 실재적이고, 세계 속에 객관적으로 존재하며, 이렇게 신체성 속에 기초한다'고 주장한다. 따라서 세계에 대한 파악은 즉시 또 압도적으로 이원론의 형태, 특히 심리물리적인 형태를 취하게 된다. 단지 두 요소로 분열된 동일한 인과성이 유일한 하나의 세계를 포괄하며, 합리적으로 설명하는 의미는 어디에서나 동일하다고 주장한다.

결국 정신에 대한 모든 설명은, 만약 그것이 유일하며 동시에 보편적인 철학적이어야 한다면, 물리적인 것으로 이끈다. 여기에는 순수하고 그 자체로 완결되어 설명하는 정신에 관한 탐구, 즉 자아나 스스로 체험된 심리적인 것

---

39) 이것은 데카르트가 그의 「방법서설」에서 밝힌 첫째 규칙인 '속단과 편견을 조심해 피하고, 의심할 여지가 전혀 없을 정도로 아주 명석하고 판명하게 내 정신에 나타나는 것 이외에 아무것도 내 판단에 넣지 않을 것'을 뜻한다.

에서 타인의 심리(Psyche)에까지 이르는 순수하게 내부로 향한 심리학이나 정신에 관한 학설은 결코 존재할 수 없으며, 물리학과 화학의 방법이 추구해나간 외부의 길만 존재할 뿐이다. 공동의 정신, 민족의 의지, 국가의 이념이나 정치의 목표 등에 관해 줄곧 논의된 모든 것은 그 본래의 의미를 개별적 인격의 영역 속에서만 갖는 개념을 단지 유비적으로 전용함으로써 발생한 낭만주의(浪漫主義)나 신화(神話)일 뿐이라고 주장한다. 그래서 정신적 존재는 단편적인 것이 된다.

이 모든 어려움의 원천에 관한 물음에 대해 이제 다음과 같이 답변해야만 한다. 즉 이러한 객관주의나 심리물리적인 세계에 대한 파악이, 비록 외관상 자명한 사실임에도 불구하도, 결국 그 자체로 이해될 수는 없었던 소박한 일면적인 것이라는 점이다. 정신은 추정적으로 물체에 실재적으로 부과된 것이기 때문에 실재성을 갖는다는 주장이나, 자연 내부에서 추정적으로 시간·공간적 존재이기 때문에 실재성을 갖는다는 주장은 배리(背理)이다.

그러나 여기에서 우리의 '위기'의 문제를 논의하려면 '수백 년간 이론과 실천에서 이룩한 성과를 그토록 뽐내며 자랑한 '근대'가 결국 커져만 가는 불만족한 상태에 스스로 빠져들었고, 더구나 근대의 상황을 긴급한 상황으로 자각해야만 할 일이 어떻게 일어났는가?'를 해명할 필요가 있다. 모든 학문에서 급박함이 내습하고, 그것도 결국 방법의 급박함으로서 침투되고 있다. 그러나 우리 유럽의 급박함은, 비록 이해되지 못하더라도, 수많은 사람들과 관련되어 있다.

이것들은 객관주의적 학문이 '객관적 세계'라고 부른 것을 모든 존재자의 우주로 간주하고, 학문을 수행하는 주관성은 객관적 학문 어디에도 정당한 권리를 얻을 수 없다는 사실을 간과한 소박함에서 유래하는 문제들이다. 자연과학적으로 교육을 받은 사람은 단지 '주관적인 것'(Subjektives)[40]이 모두 배제되어야 한다는 점, 그리고 자연과학의 방법은 주관적으로 표상하는 방식으로 제시되면서 객관적으로 규정한다는 점을 자명한 사실로 인정한다. 따라서 그러한 사람은 심리적인 것에 대해서도 객관적으로 참된 것을 추구한다. 그렇다면 동시에 물리학자가 배제했던 '주관적인 것'은 곧 심리학(이 경우 물론 심리물리적인 심리학) 속에서 '심리적인 것'으로 탐구되어야 한다는 점도 가정된다. 그러나 자연과학자는 주관적으

---

40) '주관적인 것'은 '선험적 주관성'의 다른 표현으로, 자아와 그 체험영역 전체를 가리킨다. 후설이 '주관과 연결된 것'을 함축하는 이 용어를 사용하는 것은, '선험적 주관성'을 대상과 본질적 상관관계에 있지 않은, 즉 지향적 관계로 파악하지 않는 일반적 의미의 '주관성'으로 오해하는 것을 방지하려고 했기 때문이다.

로 자신이 사유하는 작업에서 끊임없는 기초가 '생활의 환경세계'(Lebensumwelt)라는 사실, 생활의 환경세계는 자신의 물음이나 사유하는 방법이 의미를 갖게 되는 토대이자 연구의 장(場)으로서 끊임없이 전제되어 있다는 사실을 스스로 해명하지는 못한다.41)

그런데 직관적으로 주어진 환경세계로부터 수학의 이념화로 이끌고 이것을 객관적으로 해석하도록 이끄는 단편적인 강력한 방법들은 도대체 어디에서 비판을 받거나 해명되는가? 아인슈타인(A. Einstein)이 이룩한 [사유]혁명들은 이념화되고 소박하게 객관화된 자연(Physis)이 다루어진 공식들에 관계한다. 그러나 '공식들 일반이나 수학적으로 객관화하는 것(Objektivierung) 일반이 어떻게 삶의 근본적 토대와 직관적으로 주어진 환경세계의 근본적 토대 위에서 의미를 부여받는가?' 하는 문제에 대해 우리는 아무것도 경험하지 못한다. 따라서 아인슈타인이 우리의 생생한 삶이 영위되는 시간이나 공간을 개조한 것은 결코 아니다.

수학적 자연과학은 이전에는 전혀 예상할 수 없었던 작업을 수행하는 [높은] 능률성 · 개연성 · 정확성 · 계산

---

41) 후설에 따르면, 소박한 자연적 태도로는 '세계가 미리 주어져 있음' 자체를 학문적 주제로 삼을 수 없기 때문에 이것마저 철저한 선험(반성)적 태도로 판단중지해야 한다.

의 가능성을 지닌 귀납법(歸納法)을 완성하기 위한 매우 경탄할 만한 기술(技術)이다. 그것은 인간의 정신이 이룩한 승리이자 업적이다. 그러나 그 방법과 이론의 합리성에 관해 말하면, 이 합리성은 철저하게 상대적인 하나의 학문일 뿐이며, 심지어 그 자체로 실제적 합리성을 완전히 결여한 근본적 토대의 발단을 이미 전제하고 있다. 이렇게 단지 '주관적인 것'인 직관적으로 주어진 환경세계가 학문적 주제로 되는 가운데 망각되었기 때문에, 연구하는 주관 자체도 망각되었고, 과학자 자신도 [연구의] 주제가 되지 못한다.[42](따라서 이러한 관점에서 보면, 정밀한 학문이 지닌 합리성은 이집트의 피라미드가 지닌 합리성과 동등할 뿐이다.)

물론 우리는 칸트 이래 특유한 인식론을 갖고 있으며, 다른 한편으로 자연과학적 정밀성을 요구하면서 정신에 관한 보편적인 근본적 학문이 되려는 심리학도 어쨌든 확실히 존재한다. 그러나 실제적 합리성, 즉 실제적 통찰에 대한 우리의 기대는 다른 곳에서와 마찬가지로 심리학에서도 실패로 끝나고 말았다.[43] 심리학자들은 그들

---

42) 그래서 후설은 "이론적 작업을 수행하면서 이와 같이 작업을 수행하는 자신의 삶 자체를 주제로 삼지 않는 이론가(理論家)의 자기망각(自己忘却)을 극복해야만 한다"(「형식논리학과 선험논리학」, 20쪽)고 역설한다.

43) 하이젠베르크(W. Heisenberg)와 보어(N. Boer)의 '불확정성(不確定性) 원

자신도 작업을 수행하는 학자로서 자신들과 자신들이 살아가는 환경세계를 자신들의 [학문적] 주제 속으로 끌어들이지 못한다는 사실에 전혀 주목하지 못한다. 그들은 그들 자신이 공동체화(共同體化)된 인간들로서, 심지어 자신들이 모든 사람에 대해 일반적으로 타당한 것으로서 진리 그 자체를 목표로 추구하고 있다는 사실에 의해서도, 자신들의 환경세계와 역사적 시대를 필연적으로 전제하고 있다는 점을 주목하지 못한다.

[따라서] 심리학은 자신의 객관주의 때문에 영혼, 즉 행위를 주고받는 자아를 그 고유한 본질적 의미에서 주제로 삼을 수 없다.44) 심리학은 평가하는 체험, 의지를 갖는 체험을 물체[물질]적 삶에 연관시켜 객관화하고 귀납적으로 취급할 수 있지만, 그 체험을 목적·가치·규범에 대해서도 그렇게 취급할 수 있는가? 심리학은 이성을, 가령 '성향(性向)'으로서 주제로 삼을 수 있는가? 객관주의는 참된 규범을 목표로 삼는 탐구자의 진정한 작업수행으로서 바로 이러한 규범을 전제한다는 점, 따라서 객관주의는 사실로부터 도출될 수 없다는 점(이 경우 그

라'도 자연을 기계론적인 결정론과 정밀한 인과법칙에 따라 객관적으로 기술(記述)한다는 고전 물리학의 목표와 그 합리성의 한계를 과학적으로 여실히 입증하고 있다.

44) 후설에 따르면, 이것은 "영혼(Seele) 즉 심리(Psyche)가 빠진 심리학(Psychologie)'(「이념들」 제1권, 175쪽)일 뿐이다.

사실은 진리로서 생각된 것이지, 결코 구상해낸 것으로서 생각된 것이 아니기 때문이다)을 완전히 간과하고 있다. 물론 사람들은 여기에 놓여 있는 어려운 문제들에 직면했고, 그래서 심리학주의(Psychologismus)45)에 대한 논쟁이 활발히 일어났다.

그러나 규범들, 특히 진리 그 자체에 대한 규범들을 심리학주의로 정초하는 작업을 거부하는 것만으로는 아무런 소용도 없다. [그래서] 일반적으로 근대 심리학 전체를 근본적으로 개혁할 필요를 더욱더 느낄 수 있다. 하지만 사람들은 심리학이 자신의 객관주의 때문에 [스스로] 거부되었다는 점, 심리학이 일반적으로 정신(Geist)의 고유한 본질에 접근하지 못했다는 점, 심리학이 객관적으로 생각된 '영혼'(Seele)을 고립시키고 '공동체 속에 존재하는 것'(In-Gemeinschaft-sein)을 심리물리적으로 바꾸어 해석한 일은 불합리하게 전도된 것이라는 점을 아직 이해하지 못한다. 확실히 심리학은 공허하게 끝난 연구가 아니었으며, 실천적으로 매우 귀중한 수많은 경험적 규칙

---

45) 후설은 「논리연구」(1900)에서 논리학을 심리학으로 정초하는 심리학주의는 실재적(real)인 판단의 작용과 이념적(ideal)인 판단의 내용 사이의 본질적인 차이를 혼동(metabasis)한 회의적 상대주의라고 비판했다. 하지만 이러한 비판은 심리학 자체를 거부한 것이 아니라, 경험의 대상과 이것이 의식에 주어지는 방식들 사이의 보편적 상관관계를 체계적으로 밝힘으로써 이성에 관한 참된 학문의 길을 제시하려는 것이다.

들을 입증했다. 그렇다고 이 심리학은, 결코 적지 않은 귀중한 인식들을 지닌 도덕의 통계학(道德統計學)이 도덕학(道德學)은 아니듯이, 결코 참된 심리학은 아니다.

하지만 오늘날 도처에서 정신을 이해하려는 강열한 필요성이 제기되고, 특히 자연과학과 정신과학 사이의 방법적인 연관과 실질적인 연관이 혼동된 상태는 [더 이상] 견딜 수 없게 되었다. 가장 위대한 정신과학자들 가운데 한 사람인 딜타이(W. Dilthey)[46]는 그의 삶의 모든 에너지를 자연과 정신의 관계, 즉 심리물리적인 심리학의 작업수행을 해명하는 데 쏟았는데, 그는 이 심리물리적인 심리학이 기술하고 분석하는 새로운 심리학을 통해 보완될 수 있다고 생각했다.[47] [그럼에도] 빈델반트(W. Windelband)[48]와 리

---

46) 딜타이(1833-1911)는 자연과학의 인과적 '설명'에 대립해 체험에 기초한 정신과학의 독자적 원리와 범주를 정립하고, 생(生)의 구조와 정신사(精神史)에서 그 유형의 작용적 연관 속에 전체의 통일적인 의미로 정신의 현상을 '이해'하고자 시도함으로써 해석학·역사주의·구조(이해)심리학·문예학에 깊은 영향을 주었다.

47) 후설은 「엄밀한 학문」에서 딜타이의 경험적 정신과학은 역사주의의 상대적 회의론을 배척하지만, 이념적 영역인 가치평가의 원리를 전제할 뿐이지 결코 정초할 수 없기 때문에, 회의론을 극복할 결정적인 근거를 제시하지 못한다고 비판한다. 따라서 딜타이에게는 "천재적인 직관을 지녔지만, 궁극적인 근원을 해명하는 엄밀한 학문적 이론화(理論化)가 결여되어 있다"(「이념들」 제2권 173쪽; 「현상학적 심리학」, 16쪽)고 지적하면서 사실적-경험적 태도가 현상학적 본질의 태도로 전환되어야만 정신에 관한 철학을 정초할 수 있다고 주장한다.

48) 빈델반트(1848-1915)는 신칸트학파(바덴학파)의 창시자로서 심리적-발생적 입장을 배격하고 비판적-선험적 태도로 다양한 체험의 영역에서 사실들의 특성을 인식할 수 있는 가치와 존재에서 당위의 규범을 밝히

케르트(H. Rickert)[49])의 노력도 유감스럽게 기대할 만한 통찰을 이끌어내지는 못했다. 이들 역시 [다른] 모든 사람처럼 객관주의에 사로잡혀 있기 때문이다. 그리고 혁신된 심리학자들도 더욱더 심리학주의에 사로잡혀 모든 책임이 오랫동안 널리 지배해왔던 원자론(Atomismus)의 편견에 빠졌고, 새로운 시대는 '전체성의 심리학'(Ganzheitspsychologie)[50]) 과 더불어 도래할 것이라고 실제로 믿고 있다.

그러나 환경세계에 대한 자연적 태도에 기초했던 객관주의가 소박하기 때문에 충분히 파악되지 못했고, 자연과 정신이 실재성들로서 동일한 종류의 의미로 간주될 수 있는 (비록 인과적으로 의존해 구축되었더라도) 이원론적으로 세계를 파악하는 것은 불합리하게 전도되었다는 인식이 철저히 밝혀지지 않는 한, 이러한 사정은 결코 개선될 수 없다. 정신에 관한 객관적 학문, 즉 영혼에 관한 (영혼이나 인격적 공동체에 시간·공간성의 형식으로 내

고자 했다. 또한 칸트 인식론의 수학적─자연과학적 영역의 한계를 넘어 과학을 법칙적으로 정립하는 법칙에 관한 학문, 역사학을 개성을 기술하는 사건에 관한 학문으로 규정해 역사학의 기초를 확립했다.

49) 리케르트(1863-1936)는 빈델반트의 영향 아래 실증적 유물론이나 심리학주의를 배격하고 보편타당한 이념적 가치의 연관성을 문화와 역사의 영역에 적용했다. 그는 과학을 개념을 구성하는 방법에 의해 분류하고, 이것을 기초로 자연과학을 보편화하는 방법과 문화과학을 개별화하는 방법을 구별했다.

50) 이것은 게슈탈트(구조)심리학을 가리킨다.

재적 실존을 부여한다는 의미에서) 객관적 학설은 결코 존재하지 않았고, 앞으로도 결코 존재하지 않을 것이다. **정신, 더구나 오직 정신만 그 자체로 또 그 자체에 대해 스스로 존재하며 자립적이다.**[51] **그리고 이 자립성, 아니 오직 이 자립성에서만 정신은 참으로 합리적으로, 즉 참되 며 그 근본에서 학문적으로 취급될 수 있다.** 그러나 자연 과학적 진리에서 자연에 관해 말하면, 그 자연은 단지 외 견상으로만 자립적이며, 자연과학을 통해 단지 외견상으 로만 그 자체에 대해 합리적 인식으로 이끈다. 왜냐하면 자연과학의 의미상 참된 자연은 자연을 탐구하는 정신의 산물이며, 따라서 정신에 관한 학문을 전제하기 때문이 다. 정신은 본질적으로 자기인식(自己認識)을 수행하고, 학문적 정신으로서 학문적 자기인식을 수행하며, 이것을 반복할 수 있는 능력을 지닌다. [따라서] 순수한 정신과 학적 인식을 통해서만 과학자는 자신의 작업수행이 스스 로를 은폐했다는 반론을 모면할 수 있다.[52] 그러므로 정 신과학이 자연과학과 동등한 권리를 지녔다고 격론을 벌 이는 것은 불합리하게 전도된 것이다. 정신과학들이 자연

---

51) 후설은 물질(실재)과 정신(이념)을 구분한 이원론자이지만, 이 둘이 본 질상 분리될 수 없는 지향적 상관관계를 분석한 일원론자이다.

52) 학문의 기능이 본질을 파악하는 것이라면, 자연과학은 이러한 기능을 수행 하려고도 않기 때문에 참된 학문일 수 없다. 그리고 본질이 의식(정신) 속 에서 구성되는 한에서만 존재한다면, 정신에 관한 학문만이 참된 학문이다.

과학들에게 자신들의 객관성을 자립성으로 승인하자마자 곧 정신과학들 자체는 객관주의에 빠져들게 된다.

그러나 오늘날 다양한 분과들과 함께 발전된 정신과학들은 정신적 세계관(Weltanschauung)에 의해 가능하게 된 궁극적인 실제적 합리성을 갖지 않는다. 실로 모든 측면에서 진정한 합리성이 결여되어 있다는 점은 인간의 고유한 실존과 그 무한한 과제에 대해 더 이상 견딜 수 없게 된 불명료함이 그 원천이다. 인간의 고유한 실존과 그의 무한한 과제는 '**정신이 소박하게 외부로 향한 것에서 자기 자신으로 되돌아가고, 자기 자신에, 즉 순수하게 자기 자신에 머무는 경우에만 정신은 스스로를 만족시킬 수 있다**'는 과제와 불가분적으로 일치한다.

하지만 이렇게 스스로를 성찰하는 것[자기성찰]은 어떻게 출발했는가? 그것은 감각주의(Sensualismus), 또는 더 적절하게 표현하면, '감각자료의 심리학주의'(Datenpsychologismus), 즉 [마음은] '백지'(tabula rasa)[53]라는 심리학이 연구의 장(場)을 지배했던 한 결코 일어날 수 없었다. 브렌타노(F. Brentano)[54]에 이르러 비로소 심리학은 지향적 체험에 관

---

53) 로크(J. Locke)는 데카르트의 본유관념(Innate Ideas)을 부정하면서 감각적 경험은 이성에 의해 해명되어야 할 의심스러운 것이 아니라 그 자체로 직접 지식을 전달하는 근본적인 원천으로 보았다. 그래서 인간의 마음, 즉 오성은 경험을 쌓기 이전에는 아무것도 쓰여 있지 않은 '백지(白紙)'라고 주장했다.
54) 브렌타노(1838-1917)는 독일 관념론과 신칸트학파에 대립해 자연과학

한 학문으로 요구되었고, 비록 그 역시 객관주의와 심리학

주의적 자연주의를 극복하지는 못했지만[55], 그 후의 연구

가 계속될 수 있는 자극제가 되었다. 그래서 정신의 근본

적인 본질을 지향성(Intentionalität)[56] 속에서 파악하고, 이

것으로부터 무한히 일관되게 정신분석을 구축할 참된 방

법을 형성하는 작업은 선험적 현상학[57]으로 이끌어갔다.

　[요컨대] 선험적 현상학은 유일하게 가능한 방식, 즉 '철

학을 하는 자'(Philosophierende)가 자신의 자아(Ich), 특

히 자신의 모든 것을 타당하게 간주하는 자로만 출발해

에 따른 경험적−기술적(記述的) 심리학의 방법으로 철학을 정초하고
자 했으며, 특히 윤리적 인식의 근원을 해명하는 가치론의 분야를 개척
했다. 그리고 물리적 현상과 심리적 현상의 특징으로서 밝힌 의식의
'지향성'이라는 개념은 후설 현상학이 형성되는 데 깊은 영향을 주었다.

55) 후설은 브렌타노가 '지향성' 개념으로 물리적 현상과 심리적 현상을
구별했지만, 의식과 실재의 관계를 인과적으로 파악하는 자연주의
적 편견에 빠졌기 때문에, 심리학적 관념론자가 되었다고 비판한다.

56) 후설 스스로 "현상학 전체를 포괄하는 중심문제"(「이념들」, 제1권, 303
쪽)이라고 밝혔듯이, '항상 어떤 것을 향한' 의식의 지향성은 그 속에서
사물과 지성의 일치를 경험하는 것이 아니라, 이러한 일치 자체를 대상
즉 지각된 사태로 파악한다.

57) 후설에서 '선험적(先驗的)'(transzendental)은, 칸트와 같이 '경험에 앞서
경험의 인식을 가능하게 하는 조건'을 뜻한다. 하지만 형식적 조건에 그
치지 않고, 현재의 경험이 드러날 수 있는 과거의 경험들을 포함하며, "모
든 인식이 형성되는 궁극적인 근원으로 되돌아가 묻고, …자신의 삶을 성
찰하려는 동기"(「위기」, 100쪽)를 포함한다. 따라서 선험적 현상학은, 객
관적 학문의 의미기반인 생활세계로 '되돌아가는' 경험적(세속적) 현상학
에서 더 나아가 생활세계가 주어지는 토대를 '되돌아가 묻는다.' 그렇게
해야만 다양한 생활세계들의 보편적인 본질적 구조와 유형, 즉 주관과 객
관이 결코 분리될 수 없는 지향적 상관관계(Subjekt-Objekt-Korrelation)인
선험적 (상호)주관성을 밝힐 수 있기 때문이다.

순수한 이론적 방관자(Zuschauer)가 됨으로써 자연주의적 객관주의와 모든 객관주의 일반을 극복했다. 이러한 태도에서 절대적으로 자립적인 정신과학은 정신적 작업 수행으로서 일관되게 자신을 이해하고 세계를 이해하는 형식으로 성공적으로 구축될 수 있다. 이 정신과학에서 정신은 자연 '속에'(in) 또는 '나란히'(neben) 존재하는 정신이 아니라, 오히려 자연 그 자체가 정신적 영역 속으로 옮겨진다. 이 경우 자아도 미리 주어져 있는 세계 속에서 다른 사물들과 나란히 존재하는 하나의 고립된 사물이 결코 아니며, 일반적으로 자아의 인격에서 진지한 '외적 상호관계'와 '병렬적 상호관계'가 중지되고, '내적으로 서로 뒤섞인 상호관계로 존재하는 것'과 '서로를 위한 상호관계로 존재하는 것'이 된다.

어쨌든 여기에서 이 문제를 논의할 수는 없으며, 어떤 강연도 이 문제를 [충분히] 논의할 수는 없을 것이다. 그러나 나는 불합리한 자연주의뿐만 아니라 우리와 가장 가까운 정신의 문제를 파악할 수 없었던 진부한 합리주의가 여기에서 새롭게 개혁되지는 않았다는 사실이 분명하게 밝혀지기를 희망한다. 지금 문제로 삼는 이성(ratio)[58]은 보편적으

---

58) 후설에서 '이성'은, 칸트의 경우처럼 '감성'이나 '오성'과 구별되는 것이 아니라, 지각·기억·기대·침전된 무의식 등을 포괄하는 '이론적·실천적·가치설정적 이성 일반', 경험적 자아가 쏟는 다양한 관심과 수

▲ 브렌타노(1838~1917)는 자연과학의 방법으로 경험을 기술
하는 심리학을 발전시켜 철학을 엄밀하게 정초하고자 했다.
그의 사상은 후설에게 결정적인 영향을 주었다.

로 책임을 지는 학문의 형식으로 실제로 보편적이며 참으
로 철저한 정신의 자기이해(自己理解)일 뿐이다. 그리고
이 속에서 완전히 새로운 양상의 학문적 성격이 진행되며,

행하는 기능을 근원적으로 통일하는 구체적인 '의식의 끊임없는 흐름',
즉 선험적 자아(주관성)이다.

생각할 수 있는 모든 문제, 즉 존재의 문제, 규범의 문제, 이른바 실존의 문제가 자신의 위치를 발견하게 된다.

나는 '지향적 현상학'(intentionale Phänomenologie)이 처음으로 정신 그 자체를 체계적인 경험과 학문의 장(場)으로 만들었고, 이렇게 함으로써 인식의 과제를 총체적으로 변형시키는 일이 성취되었다고 확신한다. 절대적 정신59)의 보편성은 자연이 정신의 형성물로서 통합되는 절대적 역사성 속에서 모든 존재자를 포괄한다. '지향적 현상학', 게다가 '선험적 현상학'만이 비로소 그 [탁월한] 출발점과 방법을 통해 이 문제에 [해결의] 빛을 비춰주고 있다. '선험적 현상학'에서야 비로소 그리고 그 가장 깊은 근거들에 입각해서야 비로소 자연주의적 객관주의의 참모습, 특히 그 심리학은 자연주의 일반 때문에 정신적 삶을 수행하는 것과 이것의 근본적이고도 본래적인 문제를 보지 못하고 놓쳐버릴 수밖에 없었다는 점이 이해된다.

Ⅲ. 인간성의 목적과 철학의 사명

이제까지 우리가 상론한 것들의 근본적인 사항을 요약

---

59) 후설에서 '절대적'이라는 용어는 그것이 존재하기 위해 다른 어떤 것이 필요하지 않는 '자립적' 또는 '궁극적'이라는 의미를 뜻한다.

해보자.

　오늘날 그토록 자주 논의되며, 삶이 붕괴되는 수많은 징후들 속에 드러난 '유럽 현존재의 위기'는 결코 암울한 운명이나 예측하기 힘든 재난이 아니라, 오히려 철학적으로 밝힐 수 있는 **'유럽 역사의 목적론(Teleologie)'**의 배경에서 이해되고 통찰될 수 있다.

　그러나 이러한 사실을 이해하는 데 필요한 전제는 무엇보다 '유럽'이라는 현상이 그 중심의 본질적인 핵심 속에서 파악되어야 한다는 점이다. 현대의 '위기'라는 혼란된 모습을 포착할 수 있기 위해서는 **'유럽'이라는 개념이 이성의 무한한 목표로 이루어진 역사적 목적론**으로서 전개되어야 한다. 왜냐하면 유럽의 '세계'가 이성의 개념, 즉 철학의 정신으로부터 어떻게 태어나게 되었는가 하는 점이 분명히 밝혀져야만 하기 때문이다. 그러면 '위기'(Krisis)란 곧 **합리주의(Rationalismus)가 외견상 좌초한 사실**로서 명백히 이해될 수 있을 것이다. 그렇지만 이제까지 말했듯이, 합리적 문화가 좌절된 근거는 합리주의 자체의 본질에 있는 것이 아니라, 오히려 오직 합리주의가 **외면화(外面化)된 것**, 즉 합리주의가 '자연주의'와 '객관주의' 속에 매몰된 것에 있다.

　따라서 유럽 현존재(Dasein)의 위기에는 오직 두 가지

타개책이 있을 뿐이다. 요컨대 그 자신 본래의 이성적 삶의 의미에 대립해 소외된 채 유럽이 몰락하고 정신을 적대시해 야만성(野蠻性)으로 전락하는 길이거나, 자연주의를 궁극적으로 극복하는 이성(Vernunft)의 영웅주의(Heroismus)를 통한 철학의 정신에 기초해 유럽이 재생하는 길이다.

[그런데] 유럽의 가장 커다란 위험은 권태감(倦怠感)이다. 만약 우리가 '훌륭한 유럽인'으로서 또한 무한히 계속되는 투쟁을 두려워 회피하지 않는 용기를 통해 많은 위험들 가운데 [가장 커다란] 이 위험에 과감히 맞서 투쟁해간다면, 불신(不信)이라는 파멸의 화염으로부터, 유럽의 인류가 지닌 사명에 대해 절망해서 타오르는 포화(砲火)로부터, 커다란 권태감의 폐허로부터 새로운 삶의 내면성(內面性)과 정신화(精神化)를 지닌 불사조(Phoenix)가 위대하고 무궁한 인간의 미래에 대한 보증인(保證人)으로 다시 살아나게 된다. 왜냐하면 정신(Geist)만이 불멸(不滅)하는 것이기 때문이다.

1. 후설 현상학을 이해하는 데 매우 중요한 것 가운데 하나는 실재적인 것(Reales)과 이념적인 것(Ideales)의 구별이다. 그 각각은 구체적으로 어떤 특성을 띠는가? 실재적인 것과 이념적인 것을 구별하는 기준은 의식(意識)의 안이나 밖(內外)인가? 아니면 시간성(時間性)이 있거나 없음(有無)인가?

2. 후설이 여기에서 말하는 '유럽'은 지리적 영토나 지도에 따라 구분되는 것이 아니라 정신적 문화의 공동체를 말한다. 후설은 이러한 정신적 문화의 원형으로 '철학'이 왜 그리스에서 발생했다고 주장하는가? 그리고 그 철학이 출발하자마자 탄압을 받았다고 하는데, 소크라테스의 경우를 생각해볼 수 있다. 그렇다면 소크라테스가 독배를 마시고 죽게 된 이유는 무엇인가?

3. 플라톤 이래 서양철학은 '주관적 의견'(doxa)이 단순히 주관(또는 감각)에 상대적이라 확실치 않고 참된 경우에만 '객관적 인식'(episteme)에 도달한다고 경시해왔다. 이에 반해 후설은 '객관적 인식'이 그 의미와 타당성을 갖는 근거인 '주관적 의견'이 더 근원적이며 더 높은 가치를 갖는다고 평가한다. 그래서 후설 현상학을 '지각(애매성)의 현상학(철학)'이라고도 한다. 어떠한 견해를 지지하는가? 그 근거는 무엇인가?

4. 근대 과학은 자연을 수량화된 물리학적 언어로 규정해 설명함으로써 비약적인 발전을 이룩해왔다. 이러한 과정에서 주관(주관적 요소)을 철저히 배제해야만 정밀한 자연과학의 객관성을 확보할 수 있다고 주장한다. 그러나 주관(의식) 없는 객관(대상)은 어디까지 가능하고, 어떤 의미가 있는가? 후설은 심층적 자아의 본질을 탐구하면서 왜 '주관'(Subjekt)이라는 일상적 표현보다 '주관성'(Subjektivität)이나 '주관적인 것'(Subjektives)이라는 생소한 용어를 사용하는가?

제2장
『대영백과사전』의 '현상학'

다양한 심리적 체험작용은 반성(反省)을 통해 주관적 체험의 '현상'(Phänomen)으로 나타나며, 이것의 가장 일반적인 본질적 특성은 항상 '무엇에 관한(von Etwas) 의식(나타남)'이라는 지향성(Intentionalität)이다. 따라서 현상학적 심리학은 지향적 체험의 유형적 형태들, 이것들이 새롭게 종합되고 구조적으로 구축되는 등의 변화를 탐구해 의식의 모든 체험뿐만 아니라 영혼의 삶(Seelenleben)에서 유형 전체를 기술해 인식하는 과제를 갖는다. 이 현상학적 심리학은 근대 이후 순수 물리적 자연과학을 본보기로 삼아 추구된 정밀한 경험적 심리학을 정당하게 구축하기 위한 절대적으로 필수적인 기초이다.

　　현상학적 환원은 이제까지 심리학자 자신에게 은폐되었던 어려움, 즉 자기를 경험하는 것과 타자를 경험하는 것을 포함한 인간 영혼의 삶에서 본질(本質), 즉 형상(形相)을 연구의 장(場)으로 끌어오는 특수한 방법이다. 여기에는 반성을 수행하는 가운데 반성되지 않은 의식 속에 이루어진 객관적으로 정립(定立)하는 것이 함께 수행되는 모든 것을 억제하는, 즉 의식되고 있는 세계가 타당하다고 간주하는 것을 괄호 속에 묶는 철저한 판단중지(Epoche)가 필요하다.

　　현상학적 심리학은 심리학주의를 근본적으로 극복함으로써 경험적 심리학을 개혁하는 기능만 갖는 것이 아니라, 그 이념에 따라 또한 존재(객체)와 의식(주체)의 불가분적인 상관관계(Subjekt-Objekt-Korrealtion)를 통해 선험적 현상학의 본질을 발굴하기 위한, 즉 선험적 주관성을 드러내 밝히는 예비단계이다. 이 선험적 현상학은 전통적으로 대립된 다양한 독단론들을 해소하고 보편적 학문(존재론)인 철학을 절대적으로 정초한다.

'현상학'은 19세기말 철학에서 나타난 새로운 종류의 기술하는 방법과 이 방법에 입각해 등장한 아프리오리(a priori)[60]한 학문을 일컫는다. 이 학문의 목적은 엄밀한 학문적 철학을 위한 원리적인 도구(Organon)를 제공하고, 이것을 일관되게 실행함으로써 모든 학문을 방법적으로 개혁(Reform)[61]할 수 있도록 규정한 것이다. 동시에 이 철학적 현상학[62]과 더불어, 그러나 우선은 이것과 분리되지 않은 채, 방법과 내용에서 철학적 현상학에 평행하는 새로운 심리학적 분과, 즉 원리적으로 방법적 기초이고자 하는 개혁적 요구를 제기하는 아프리오리하게 순수한 심리학 또는 '현상학적 심리학'이 생겼는데, 오직 이 방법적 기초 위에서만 학문적으로 엄밀한 경험적 심리학이 정초될 수 있

---

60) '논리적으로 경험에 앞서며, 인식적으로 경험에 의존하지 않는다'는 의미의 이 라틴어는 칸트 이후 '경험의 확실성과 필연성에 대한 근거의 형식'을 뜻한다. 그러나 후설은 발생적 분석에서 '그 자체로 미리 주어지고 경험되는 질료'를 포함해 명사의 형태(Apriori)로도 사용한다. 따라서 이것을 '선천적' 또는 '생득적'으로 옮기는 것은 부당하다. '선험적'으로 옮기는 것도 궁극적인 근원을 부단히 되돌아가 묻는 후설 현상학의 근본적 태도를 지칭하는 'transzendental'과 혼동되기 때문에 접합하지 않다. 그래서 일단 원어 그대로 옮긴다.

61) 후설이 "내가 본 것을 단지 제시하고 기술할 뿐이지, 결코 가르치려고 시도하지 않는다"(「위기」, 17쪽)고 하면서도, "오늘날 말로만 매우 급진적인 태도를 취하는 사람들보다 [자신이] 훨씬 더 급진적이고 훨씬 더 혁명적"(같은 책, 337쪽[이 책의 제1부 Ⅱ. 셋째 문단])이라고 주장하는 근거는 선험적 주관성을 해명하는 철학적 실천을 통해 인간성의 진정한 삶을 "현상학적으로 개혁"(「심리학」, 252쪽)할 수 있다고 확신했기 때문이다.

62) 이것은 여전히 자연적인 심리학적 태도에 있는 '심리학적 현상학'과 대비시킨 용어로서 '현상학적 철학', 즉 '선험철학'을 뜻한다.

다. 자연적 사유에 더 밀접한 이 심리학적 현상학을 바꿔 말하는 것은 철학적 현상학에 대한 이해를 증진시키기 위한 예비적인 초보적 단계로 매우 적절할 것이다.

▲ 1921년경 휴양지에서 학문적 논의를 하고 있는 후설(왼쪽)과 그의 제자 하이데거(오른쪽). 이들의 친밀한 관계는 이 책의 제2부를 작성하면서 끝났다.

I. 순수 심리학, 그 경험의 장(場)과 방법 및 기능

1. 순수 자연과학과 순수 심리학

근대 심리학은 시간 공간적 실재성의 구체적인 연관 속에 '심리적인 것'(Psychisches)에 관한 학문이다. 따라서 그 심리학은 (경험작용·사유작용·느낌·의욕함과 같은) 심리적 체험작용으로서, 능력이나 습관으로서, 그것에 분리될 수 없게 속한 모든 것과 더불어 자연 속에서 이른바 '자아의 성질을 지니고'(ichartig) 일어나는 것[사건]에 관한 학문이다. 경험은 심리적인 것을 인간이나 동물에서 단순한 존재의 층(層)으로 제공한다. 그래서 심리학은 더 구체적인 인간학(Anthropologie) 또는 동물학(Zoologie)의 한 분과이다. 동물적[63) 실재성들은, 우선 근본적 층에서 보면, 물리적 실재성들이다. 이러한 것으로서 동물적 실재성들은 물리적 자연의 완결된 연관에 속한다. 이 물리적 자연은 순수 자연과학, 즉 일관된 일면성에서 실재성들의 물리 외적인 모든 규정을 도외시하는 자연에 관한 객관적 학문의 보편적 주제인 최초의 또 가

---

63) 이 용어에 관해서는 이 책 제1부의 역주 6을 참조.

제2장 『대영백과사전』의 '현상학' 107

장 적확한 의미에서 자연이다. 동물의 물[육]체에 대한 학문적 탐구는 이 자연에 통합된다.

이에 반해 만약 동물의 심리적인 것에 관해서 동물적 세계가 주제가 되려면, 무엇보다 순수 자연과학과 평행해서 순수 심리학이 어디까지 가능한지 하는 물음이 심문되어야 한다. 순수 심리학적 탐구는 어느 정도는 자명하게 실증될 수 있다. 우리는 심리적인 것의 고유한 본질적 규정들에 따라 심리적인 것의 근본적 개념들, 그 밖에 심리학의 심리물리적인 근본적 개념들이 첨부되어야만 할 개념들을 순수 심리학적 탐구에 힘입고 있다. 그러나 그 자체로 첨예하게 구분되는 심리학적 분과로서 그리고 순수 물리적 자연과학에 실제로 평행하는 것으로서 순수 심리학의 이념은 정당한 의미를, 게다가 필연적으로 실현되어야 할 의미를 어느 정도까지 갖는가 하는 점은 처음부터 결코 분명하지는 않다.

2. 자기에 대한 경험과 공동체에 대한 경험의 순수 심리적인 것. 지향적 체험들을 보편적으로 기술하는 작업

이러한 순수 심리학의 주도적인 이념을 정초하고 전개하기 위해서는 첫째로 경험, 특히 심리적인 것에 관한 순수 경험과 이 경험을 드러내 밝히며 순수 심리학의 주제가 되어야 할 이 순수 심리적인 것 자체의 특유성을 해명하는 것이 필요하다. 당연히 우리는 언젠가 우리 자신의 심리적인 것을 우리에게 드러내 밝혀줄 가장 직접적인 경험을 우선적으로 다룬다.

경험하는 시선을 우리의 심리적인 것으로 향하는 태도는 필연적으로 반성(Reflexion)을 통해, 즉 이전에 다른 것으로 향했던 시선을 전환하는 것으로 수행된다. 모든 경험이 이와 같은 반성을 받아들이지만, 우리가 실재적이거나 이념적인 어떤 대상들에 가령 생각하면서 또는 심정이나 의지의 방식으로 평가하면서 또 노력하면서 몰두하는 그 밖의 모든 방식도 받아들인다. 그렇다면 곧바로 우리에게 의식되어 활동하면서 그때그때의 사태·사고·가치·목적·보조수단은 오직 우리의 시선 속에 있지만, 이것들이 그 자체로 우리에게 의식되는 심리적 체험작용(Erleben) 자체는 우리의 시선 속에 있지 않다. 반성이 비로소 이러한 사실을 명백하게 해준다. 반성을 통해 우리는 사태들 자체·가치·목적·유용성 자체 대신, 이에 상응하는 주관적 체험들을 파악하는데, 이 체험들 속에서 그것들은 우리에게 '의식되며', 가장 넓은 의미에서 우리에게 '**나타난다.**'

그러므로 이 모든 것을 '**현상**'(Phänomen)'[64)]이라 부르며, 이것의 가장 일반적인 본질적 특성은 '무엇에 관한 의식' 즉 그때그때의 사물'에 **관한**', 사고(판단의 사태·근거·결론)'에 관한', 계획·결단·희망 등에 관한, [요컨대] '무엇에 관한 나타남'(Erscheinung)으로 존재한다는 것이다. 그래서 심리적 체험에 대한 일상어의 모든 표현이 지닌 의미 속에는 어떤 것에 관해 지각하고, 어떤 것을 기억하거나 생각하고, 어떤 것을 희망하며, 어떤 것에 대해 근심하고 그것을 얻고자 노력하며 결정하는 등의 이러한 상관성(Relativität)이 포함되어 있다. '현상들'의 이러한 영역이 오직 이것들에만 관련된 순수 심리학적 분과의 가능한 장(場)으로 입증되었다면, 이제 그 특성에 대한 묘사는 '**현상학적 심리학**'으로 이해된다. '무엇에 관한 의식', 즉 '무엇에 관한 나타남'인 존재의 그 근본적 성격을 스콜라 철학에서 유래하는 전문용어로 표현하면, '**지향성**'(Intentionalität)[65)]이다. 어떤 대상들을 반성하지 않은 채 '의식해 갖는 것'(Bewußthaben)으로써

---

64) 이 말은 그리스어 'phainesthai'(자신을 드러내 보여준다)의 명사형으로, 서양철학에서는 전통적으로 존재자(ousia)의 본질(essentia)과 현존(existentia) 또는 현상을 구분하고 대립시켜왔다. 그러나 후설은 의식에 직접 주어진 사태(Sache), 즉 현상이 본질이며, 이 현상을 있는 그대로 받아들이는 것이 본질직관이다.

65) 이에 대해서는 이 책 제1부의 역주 55를 참조.

우리는 이 대상들에 '향해 있고', 우리의 **'지향함'**(intentio)은 그 대상들을 겨냥하고 있다. 현상학적 시선(視線)의 전환(轉換)은 이 '향해 있는 것'이 이와 관련된 체험들에 내재적인 본질적 특성이고 이 체험들은 '지향적' 체험들이라는 사실을 보여준다.

극도로 다양한 종류들과 특이성들이 이러한 개념의 일반성에 포함된다. 무엇에 관한 의식은 이 무엇을 공허하게 갖는 것이 아니며, 각각의 현상은 자신의 고유한 지향적 전체의 형식을 갖는다. 그러나 동시에 지향적 분석을 통해 그 자체가 지향적인 구성요소들로 언제나 다시 이끄는 구조도 갖는다. 그래서 예를 들어 어떤 (가령 주사위의) 지각에서 출발해 실행된 현상학적 반성은 다양하지만, 어쨌든 종합적으로 통일된 지향성으로 이끈다. 나타남의 방식들에서 오른쪽이나 왼쪽, 가깝거나 멀게 바뀌는 '방향이 정해지는 것'(Orientierung)이 지속적으로 변화되는 차이들은 이에 속한 '관점'(Perspektive)의 차이들과 함께 부각된다. 더구나 그때그때 '본래 보여진 앞면'과, '직관적이지 않고' 또 상대적으로 '규정되지 않았지만' 그래도 '함께 사념된' 뒷면 사이의 나타남의 차이들도 부각된다. 나타남의 방식들의 흐름과 이것들의 '종합'의 종류에 주목하면, 모든 국면과 구역은 실로 그 자체에 대해 '무엇에 관한 의식'이라는 점, 그러나 그렇기 때문에 하나의 동일한 대상에 관한 종합적으로 통일적인 의식은 새로운 국면이 끊임없이 등장하는 가운데 수립된다는 점이 밝혀진다.

지각이 경과하는 지향적 구조는 자신의 확고한 본질적 유형(Wesenstypik)을 갖는데, 이 본질적 유형은 어떤 물체적 사물이 단적으로 지각되어야 한다면, 그것이 극단적으로 뒤엉켜 있더라도 필연적으로 실현되어야만 한다. 만약 동일한 사물이 다른 방식으로 직관적이라면, 예를 들어 기억·상상·묘사해 제시하는(Darstellung) 방식으로 직관적이라면, 지각의 모든 지향적 내용(Gehalt)은 어느 정도로는 다시 돌아오지만, 이 모든 내용은 그에 상응하는 방식으로 특유하게 변화된다. 이와 유사한 것은 그 밖의 모든 유(類)의 심리적 체험에도 적용된다. 판단하는, 평가하는, 노력하는 의식은 그때그때의 판단·가치·목적·수단을 공허하게 의식해 갖는 것이 아니다. 오히려 이것들은 그에 상응하며 또 확고한 본질적 유형을 지니고 흐르고 있는 지향성 속에 구성된다.

여기에서 심리학에 대해 다음과 같은 보편적 과제가 열린다. 즉 지향적 체험의 유형적 형태들, 이것들의 가능한 변화들, 이것들이 새로운 형태로 종합되고 기본적인 지향성에서 구조적으로 구축되는 것을 철저히 탐구하며, 이것으로부터 체험 전체와 영혼의 삶이 지닌 전체 유형을 기술해 인식하는 과제이다. 분명히 이러한 과제를 일관되게 추구하는 것은 심리학자가 자신의 영혼적 존재에 대해서만 타당성을 갖는 것은 아닌 인식들을 제공한다.

영혼의 삶(Seelenleben)은 자기[에 대한]경험(Selbster fahrung)뿐만 아니라 타자[에 대한]경험(Fremderfahrung)을 통해서도 접근할 수 있다. 이러한 새로운 경험의 원천은, 자기경험과 유사한 종류뿐만 아니라, 공동체의 삶(Gemeinschaftsleben)에서 특성들과 마찬가지로 '자기 자신'과 '타자'의 차이들을 우리 모두에 대해 의식에 적합하게, 게다가 경험으로 정초하는 한, 새로운 것도 제공해 준다. 바로 이것에 의해 그에 속한 모든 지향성에 따라 공동체의 삶도 현상학적으로 이해할 수 있도록 만드는 과제가 생긴다.

3. 순수 심리적인 것이 완결된 장. 현상학적 환원과 진정한 내적 경험

현상학적 심리학의 이념은 자기[에 대한]경험과 이 속

에서 기초지어진 타자[에 대한]경험에서 발생하는 과제가 지닌 범위의 전체 폭에 의해 윤곽지어진다. 그러나 오직 또 시종일관 계속 수행된 현상학적 경험이 우리에게 그러한 종류의 완결된 존재의 장(場)을 제공하는지 여부, **오직** 이 장에만 관련된 학문, 즉 모든 심리적인 것에서 명확하게 분리된 학문이 생길 수 있는지는 여전히 분명하지 않다.

실제로 이러한 점에서 **브렌타노**가 지향성을 발견한 후에도 그와 같은 순수 현상학적 심리학이 심리학자들 자신에게 은폐되었던 어려움들이 있다. 이 어려움들은 실제로 순수한 자기경험과 이와 함께 실제로 순수한 심리적 자료들을 수립하는 데 이미 관련된다. [그래서] 순수 현상학적 장에 접근하는 데 특별한 방법이 필요하다. 그러므로 이 **'현상학적 환원'이라는 방법**은 순수 심리학의 근본적인 방법이며, 순수 심리학의 특수한 모든 이론적 방법의 전제이다. 궁극적으로 모든 어려움은 실로 심리학자의 자기경험이 도처에서 심리 외적인 실재적인 것에 관한 경험인 외적 경험과 함께 얽혀 있는 방식에 기인한다. 어쨌든 경험 자체가 외적인 것에 **관한** 경험으로서 지향적 내재성(Innerlichkeit)에 속하더라도, 경험된 '외적인 것'은 지향적 내재성에 속하지 않는다.

müsste ich so gewinnen. Aber das liegt eben in der Habitualität
der psychologischen Einstellung, die wir ihre Positivität nennen,
dass mit jedem Schritt immer von Neuem, aber latent bleibend die
Apperzeption Welt vollzogen wird oder in Vollzug bleibt, der jedes
speziell thematisch Werdende eingefügt wird als weltliches. Natür-
lich gehören alle diese, gehören überhaupt alle apperzeptiven Lei-
stungen und Geltungen in den psychologischen Bereich: aber immer
in der Form, dass die Weltapperzeption in allgemeiner Geltung
bleibt und was neu zutage tritt abermals apperzeptiv zum Weltli-
chen wird. Enthüllung der Psyche ist ein unendlicher Prozess,
aber auch seelische Selbstapperzeption in der Form der Leiblich-
keit. Es ist die prinzipielle Eigenart der transzendentalen Reduk-
tion, dass sie vorweg und mit einem Schlage, in einem universalen
theoretischen Willen diese transzendentale Naivität, die noch in
der reinen Psychologie übrig bleibt, inhibiert, dass sie das ganz
aktuelle und habituelle Leben mit diesem Willen umgreift: dieses
Wille gebietet, keine transzendente Apperzeption, keine wie immer
beschaffene transzendente Geltung zu betätigen, sie "einzuklam-
mern" und nur zunehmen als was sie in sich selbst ist, als rein
subjektives Apperzipieren, Meinen, als geltend Setzen usw. Tue ic
so für mich selbst, so bin ich also nicht menschliches Ich ob-
schon ich nichts vom eigenwesentlichen Gehalt meiner reinen Seel
(also vom rein Psychologischen) verliere. Eingeklammert ist nur
diejenige Ingeltungsetzung, die ich in der Einstellung "ich die-
ser Mensch" und meine Seele in der Welt vollzogen habe, nicht
aber dieses Ingeltunghaben als Erlebnis. Das so reduzierte Ego
ist freilich mein Ich, in der ganzen Konkretion seines Lebens,
aber direkt erschaut in der transzendental reduzierten inneren

▲ 이 책의 제2부 '현상학'의 두 번째 작성한 원고의 한 쪽.
후설이 작성한 타이프 원고의 난외에 하이데거가 자필로 쓴 주해와 논평이 보
인다.

이것은 세계에 있는 것(Weltliches)을 향한 그 밖의 모든 종류의 의식에 대해서도 마찬가지이다. 따라서 만약 현상학자가 자신의 의식을 순수 현상으로서, 그렇지만 개별적인 방식으로는 자신의 순수한 삶의 전체로서도 획득하려면, 현상학자의 철저한 **판단중지**(epoché)[66]가 필요하다. 즉 현상학자는 현상학적 반성을 수행함에서 반성되지 않은 의식 속에서 이루어진 객관적으로 정립한 것(Setzung)이 함께 수행되는 모든 것을 억제해야만 하며, 이와 동시에 자신에 대해 곧바로 '현존하고 있는'세계를 판단의 형식으로 끌어들이는 모든 것을 억제해야만 한다. 그러나 이 집, 이 신체, 세계 일반에 관한 그때그때의 경험은 그것의 고유한 본질의 내용에 따라 '이 집에 **관한**' 경험, 이 신체, 이 세계에 관한 경험이며, 이들과 분리될 수 없는 것으로 남아 있다. 그리고 객관적으로 향한 모든 종류의 의식의 방식에 대해서도 마찬가지이다.

비록 지향적 체험이 환상적인 것, 무화(無化)된[공허한] 판단의 작용이더라도, 이 체험 속에서 의식된 것 **자체**를 함께 기술하지 않고는 지향적 체험을 기술하는 것은 실로 불가능하다. 의식되는 세계에 관한 보편적 판단중지(그 세계를 '**괄호 속에 묶는 것**'[67])는 관련된 주체에 대해 단적

---

66) 이에 대해서는 이 책 제1부의 역주 19를 참조.

으로 존재하는 세계를 현상학적 장에서 배제한다. 그러나 그 대신에 이러저러하게 **의식된**(지각된·기억된·판단된·생각된·평가된 등) 세계가 '**그 자체로**', '괄호 속에 있는 세계'로 등장한다. 같은 말이지만, 세계 또는 개별적으로 세계에 있는 것 대신에, 다른 양상들로 그때그때 의식의 의미(지각의 의미, 기억의 의미 등)가 등장한다.

이와 더불어 우리가 현상학적 경험과 그 존재의 영역을 처음에 규정한 것은 해명되고 보완된다. 자연적 태도 속에 정립된 통일체들에서 이것들이 나타나는 다양한 의식의 방식들로 되돌아가는 것에서는 이 다양체들과 분리될 수 없는 것으로서, 그렇지만 '괄호 속에 묶인 것'으로서 순수한 심리적인 것에 분류될 수 있고, 게다가 그것들이 일어나는 그때그때 나타남의 특성들을 지닌 통일체들도 있다.

따라서 (순수 '현상들', 즉 순수 심리적인 것으로의) 현상학적 환원의 방법은 다음과 같이 이루어진다.

1) 개별적 현상들뿐만 아니라 영혼의 존립요소 일반의 전체에서 영혼의 영역에 나타나는 모든 것을 객관적으로 정립하는 경우 방법적으로 또 엄밀하게 일

---

67) 후설은 자연적 태도에서 세계가 타당하다고 일반적으로 정립한 것을 일시적으로 '판단중지하는 것'을 '괄호 속에 묶는다' 또는 '실제적인 작용 밖으로 배제한다' 등으로 표현한다.

관된 '판단중지'를 수행하는 것.

2) 그 대상적 통일체들의 나타남들인 다양한 '나타남들'과 그때그때의 나타남들 속에서 이것들에 생긴 의미의 존립요소들의 통일체들 자체를 방법적으로 실행해 파악하고 기술하는 것이다.

그러므로 현상학이 기술(記述)하는 데 이중의 방향, 즉 '인식작용적'(noetisch) 방향과 '인식대상적'(noematisch)[68] 방향이 제시된다. 현상학적 환원의 방법적 형태에서 현상학적 경험은 충분히 정초된 모든 심리학적 학문의 의미에서 유일하게 진정한 '내적 경험'이다. 이것의 고유한 본질 속에는 순수함을 방법적으로 계속 유지하면서 '무한히' 이 끌어갈 수 있는 가능성이 명백히 포함되어 있다. 환원적 방법은 다른 사람의 현전화된 삶 속에 그에 상응하는 괄호로 묶는 것과 기술하는 것이 주관적 방식으로 나타남과 나타나는 것('인식작용'과 '인식대상')에 따라 수행될 수 있

---

68) 이 말의 어원은 그리스어 'nous'(지성)인데, 좀더 분명한 의미는 플라톤의 '선분의 비유'(「국가」(Politeia) 제6권, 509d-511e)에서 찾아볼 수 있다. 여기에서 플라톤은 인식의 대상을 감각의 대상들(ta aistheta)과 지성에 의해 알 수 있는 것들(ta noeta)로 나누고, 인식하는 주관의 상태를 전자에서 그림자(像)에 대한 짐작과 실재에 대한 확신, 후자에서 수학적인 것들에 대한 추론적 사고와 이데아(형상)에 대한 직관을 대응시켰다. 요컨대 'nous'는 이론적 사고의 기능인 이성(logos)을 포괄할 뿐만 아니라, 이러한 인식을 통해 자신의 삶을 훌륭하게 실현하려는 실천적 삶의 의지적 주체이다. 이러한 맥락에서 'noesis'는 '인식작용'으로, 'noema'는 '인식대상'으로 옮긴다.

는 한, 자기경험에서 타자경험으로 이행된다. 더 나아가 공동체의 경험 속에 경험된 공동체는 단지 영혼적으로 개별화된 지향적 장(場)들뿐만 아니라, 자신의 현상학적 순수성에서 이 장들 모두를 결합하는 상호주관적 공동체의 삶에서 통일체로 환원된다(상호주관적 환원). 따라서 '내적 경험'에 관한 진정한 심리학적 개념이 완전히 확장된다.

모든 영혼에는 '객관적으로' 향한, 지향적 삶과 분리될 수 없는 모든 의미의 통일체를 지닌 다양한 **지향적 삶**의 통일성만 속하지 않는다. 모든 특별한 지향성을 집중시키는 동일한 '**자아의 극**'(Ichpol)으로서 또 이러한 삶에 입각해 자신에게 생긴 습득성(Habitualität)[69]의 담지자(擔持者)로서 지향적 삶 속에 체험하는 **자아의 주체**(Ichsubjekt)는 이러한 지향적 삶과 분리될 수 없다. 그러므로 순수하게 또 구체적으로 파악해보면, 환원된 상호주관성(Inter-subjektivität)도 상호주관적인 순수한 의식 삶 속에 활동하고 있는 순수한 개인들의 공동체이다.

---

69) 이 말은 그리스어 'echein'(갖는다)의 통일체인 'hexis'(가짐)에서 유래하며, 후설은 이것의 라틴어 'habitus'를 사용하기도 한다. 요컨대 자아가 경험한 것이 축적된 것을 뜻하는 습득성은 선험적 자아의 지향적 작업수행이 지닌 구체적인 역사성을 드러내주기 때문에 "선험적 자아는 습득성의 기체(基體)"(「성찰」, 100-101쪽)이다. 그리고 인격적 자아의 동일성은 바로 이 습득성에 의해 확보된다. 이 습득성이 형성되는 상세한 과정과 그 타당성에 관해서는 이 책의 제1부 역주 18을 참조.

4. 형상적 환원과 형상적 학문인 현상학적 심리학

현상학적 경험의 장(場)에서 통일성은 어느 범위까지 오직 그것에 관련된 심리학, 따라서 순수한 현상학적 심리학의 가능성을 보증하는가? [물론] 당장 모든 심리물리적인 것을 도외시한 경험적으로 순수한 사실과학의 가능성을 보증하지는 않는다.

[그러나] 아프리오리한 학문의 경우 사정은 다르다. 그 자체로 완결된 가능한 경험의 모든 장은 '당연히' 사실성(Faktizität)에서 본질의 형식(형상(Eidos))으로 보편적으로 이행하는 것을 허용한다. 여기에서도 마찬가지이다. 만약 현상학적 사실성이 관련 없는 것이 되면, 만약 그것이 **단지** 범례적으로 그리고 사실적인 개별적 영혼과 영혼의 공동체의 자유롭지만 직관적인 변경(Variation)에 대해 아프리오리하게 가능한(생각해볼 수 있는) [형태로] 근본적 토대로 이바지하고 이 변경 속에 필연적으로 끝까지 견지하는 불변하는 것(Invariante)으로 이론적 시선이 향하면, 이것을 체계적으로 다룸으로써 '아프리오리'(Apriori)의 고유한 영역이 생긴다.

이와 함께 본질에 필연적인 형식의 양태(**형상**)가 드러나는데, 이것은 만약 그것이 도대체 '생각이 가능하고'

직관적으로 표상할 수 있는 것이 될 수 있으려면, 가능한 모든 영혼의 존재를 통해 개별성, 종합적 연대(連帶), 완결된 전체성 속으로 파고들어가야만 한다. 심리학적 현상학은 의심할 여지없이 이러한 방식으로 '**형상적 현상학**'으로 정초되어야만 하며, 이 경우 그것은 오직 불변적인 본질적 형식들을 향한다. 예를 들어 물체를 지각하는 현상학은 사실적으로 일어나는 또는 앞으로 예상되는 지각들을 보고하는 것이 아니라, 불변적인 구조의 체계를 드러내 밝히는 것이다. [그런데] 이러한 체계가 없다면, 어떤 물체의 지각이나 동일한 하나의 물체의 지각들 자체에 관한 종합적으로 일치하는 다양체는 생각해볼 수 없을 것이다. 현상학적 환원70)이 실제적인 내적 경험과 그런 다음 또한 가능한 내적 경험의 '현상들'에 접근하는 통로를 열었다면, 그 경험 속에서 기초지어진 '**형상적 환**

---

70) 현상학적 환원에는 '판단중지', '형상적 환원', '선험적 환원' 등이 있다. 물론 이것들은 시간적 선·후에 의한 구별이 아니라 상이한 목적에 따른 논리적 구별이다.

① 판단중지는 세계의 존재를 소박하게 전제한 자연적 태도에서 일반적으로 정립한 것에 깃든 확신과 타당성을 일단 괄호 속에 묶어 경험의 새로운 영역을 볼 수 있게 만드는 것이다.

② 형상적 환원은 개체적인 우연적 현상에서 '상상에 의한 자유변경', 즉 이념화작용(Ideation)을 통해 보편적인 필연적 형상(본질)을 직관하는 것이다.

③ 선험적 환원은 의식에 초월적인 대상을 의식에 내재적인 대상으로 환원함으로써 대상과 본질적 상관관계에 있는 선험적 자아와 그 체험의 영역 전체(즉 선험적 주관성)를 드러내 밝히는 것이다.

원'의 방법은 순수한 영혼의 영역 전체의 불변적 본질형
태들에 접근하는 통로를 제공해준다.

5. 정밀한 경험적 심리학에 대한 순수 현상학적 심리학의
   원리적인 기능

현상학적으로 순수한 심리학은 근대에 출발한 이래 정
밀한 순수 물리적 자연과학을 본보기로 삼아 추구되었던
'정밀한' 경험적 심리학을 구축하기 위한 절대적으로 필
수적인 기초이다. 이러한 자연과학의 정밀함을 지닌 원리
적 의미는 자연과학에 고유한 분과들(순수 기하학·순수
시간론·운동론 등) 속에서 발전된 생각이 가능한 자연
일반의 아프리오리한 형식의 체계에 자연과학이 기초지
어진다는 것에 놓여 있다. 사실적 자연을 위해 아프리오
리한 형식의 체계를 활용함으로써 모호한 귀납적 경험
[지식](Empirie)은 본질적 필연성에 관여하게 되고, 경험
적 자연과학 자체는 모든 모호한 개념과 규칙에 필연적
으로 기초를 깔아야 할 합리적 개념들과 법칙들을 만들
어낼 수 있는 새로운 방법적 의미를 획득한다.
따라서 자연과학적 방법과 심리학적 방법 역시 본질적
으로 구별되어 남아 있지만, 그 필연적 공통성은 모든 과

학과 마찬가지로 심리학도 '본질적인 것'의 합리성에 입각해서만 자신의 **'엄밀함'**(Streng)[71)]('**정밀함**'(Exaktheit))을 길어낼 수밖에 없다는 점에 있다. 개별적 영혼뿐만 아니라 공동체 영혼의 전체성이라는 이념과 분리될 수 없는 본질에 필연적이거나 본질에 가능적인 모든 종합의 형식과 더불어 아프리오리한 유형학(Typik)을 드러내 밝히는 것은 여기에서 더구나 직접적으로(극한으로 이념화하는 것에서 아무런 중간의 연결고리 없이) 경험적으로 영혼을 탐구하는 것으로 이행되는 정밀함의 엄청난 장을 만들어낸다. 만약 이 아프리오리한 유형학이 없다면, 자아 또는 우리·의식·의식의 대상성(Gegenständlichkeit)[72)] 그리고 이와 더불어 영혼의 존재 일반은 생각할 수도 없을 것이다. 물론 현상학적 아프리오리는, 심리물리적인 연관 그 자체가 자신의 고유한 아프리오리를 갖는 한, 심

---

71) '정밀함'은 경험적 실험이나 측정, 수학적 논증, 논리적 추론의 정확함을 뜻하며, 근대 자연과학과 철학의 이상(理想)이었다. 반면 '엄밀함'은 이러한 객관적 학문들의 궁극적인 근원을 되돌아가 물음으로써 그 타당성의 근거를 해명하고 명증성을 부여해 정초하려는 후설 현상학의 이상이다. 그런데 후설이 여기에서 이 둘을 구별하지 않고 병기했는지는 분명하게 파악할 수 없다.

72) '대상성' 또는 '대상적인 것'은 대상들뿐만 아니라, 그 사태·징표·관계 등 어떤 상황을 형성하는 비(非)자립적인 형식들을 포함하는 범주적 대상성이다. 결국 현상학에서 본질직관은 감성적 직관에 그치는 것이 아니라, 이 대상성을 있는 그대로 파악하는 '범주적 직관', 즉 '이념화작용'(Ideation)이다.

리학의 완벽한 아프리오리는 아니다. 그러나 다른 측면에서 보면 이러한 아프리오리가 물리적(특히 유기체적) 자연 일반의 순수한 아프리오리를 전제하듯이, 순수 현상학적 심리학의 아프리오리를 전제한다는 점은 분명하다.

현상학적 순수 심리학을 체계적으로 구축하기 위해서는 다음과 같은 것이 요구된다.

1) 지향적 체험 일반의 본질에 속한 특이성을 기술하는 것. 이 특이성에는 의식을 [다른] 의식과 결합하는 모든 것은 하나의 의식을 이룬다는 가장 보편적인 종합의 법칙도 포함된다.

2) 어떤 영혼 속에서 일반적으로 본질적 필연성으로 등장해야만 하거나 등장할 수 있는 지향적 체험의 개별적 형태를 탐구하는 것. 이것과 일치해 연속적이거나 단절된, 유한하게 완결되었거나 개방된 무한함 속에서 계속 수행되어야 할 것에 포함된 종합의 본질유형학을 탐구하는 것.

3) 어떤 영혼의 삶 일반의 형태 전체를 제시하고 본질을 기술하는 것. 따라서 보편적인 '의식의 흐름'이 지닌 본질적 방식을 기술하는 것.

4) '자아'(게다가 이 말의 사회적 의미를 추상화해서)라는 명칭은 그 자아에 속한 '습득성'의 본질적 형식들에

관해서 새로운 연구의 방향을 지시하는 것. 따라서 자아는 지속하는 '확신'(존재에 대한 확신·가치에 대한 확신·의지의 결단 등)의 주체로서, 습관·교양 있는 지식·특성적 속성의 인격적 주체로서 자아이다.

결국 언제나 이러한 '정적(靜的)' 본질을 기술하는 것은 발생(Genesis)의 문제, 그리고 형상적 법칙들에 따라 삶 전체와 인격적 자아의 발전을 철저히 지배하는 보편적 발생의 문제로 이끈다. 그리므로 역동적(dynamisch) 또는 발생적(genetisch) 현상학은 더 높은 단계에서 최초의 '정적'(statisch) 현상학 위에 세워진다.[73] 발생적 현상학은 최초로 기초지우는 발생으로서 수동성(Passivität)의 발생을 다루는데, 이 수동성 속에서 자아는 능동적 자아로서 아무것도 관여하지 않는다.[74] 여기에 흄(D. Hume)이 일찍이 이룩한 위대한 발견을 나중에 복권시킨 '연상'(Assoziation)이라는 보편적

---

73) 이처럼 짧지만 오히려 그렇기 때문에 더욱더 간명한 진술에서 우리는 '정적 본질기술' 또는 '정적 현상학'과 가장 원초적인 수동성의 발생을 다루는 '역동적 또는 발생적 현상학'의 관계가 서로 다른 이념을 추구하는 분리되고 대립된 것이 아니라, 구성(Konstitution)의 표층과 심층을 다루는 상호 보완적인 연속적 단계를 형성한다는 사실을 분명하게 파악할 수 있다.

74) 자아가 대상 또는 대상성에 주의를 기울이는 어떠한 능동적 관여도 없는 비(非)정립적 의식에는 수동적으로 지각이 주어지는 수용성의 보편적 구조에는 '내적 시간의식'과 '신체'가 있다. 이와 같이 후설에서 '수동성'과 '능동성'은, 칸트에서 '감성'과 '오성'의 기능이나 역할처럼, "고정된 것이 아니라 지향적 현상을 기술하는 방편으로서 상대적 의미를 갖는다."(『경험과 판단』, 119쪽 참조.)

인 형상적 현상학의 새로운 과제가 놓여 있다. [그런데] 이 연상(聯想)은 영혼에 대해 실재적 공간의 세계가 습관적 타당성 속에 구성되는 아프리오리한 발생을 입증한다. 이 연상의 형상적 현상학에 이어 개인적 습득성의 발전에 관한 본질학이 뒤따르는데, 여기에서는 불변적인 구조의 형식 내부에서 순수한 영혼의 자아는 인격적 자아로 존재하며, 줄곧 계속 형성되는 존재로서 습득적인 지속적 타당성 속에 자신을 의식한다. [따라서] 특별히 관련된 더 높은 단계의 연구의 층(層)은 이성의 '정적 현상학'과 그런 다음 '발생적 현상학'을 형성한다.

II. 현상학적 심리학과 선험적 현상학

6. 데카르트의 선험적 전환과 로크의 심리학주의

순수 현상학적 심리학의 이념은 경험적 심리학에 대해 방금 진술한 개혁적 기능만을 갖는 것이 아니다. 깊이 놓여 있는 근거들에 입각해 그 이념은 선험적 현상학의 본질을 발굴하기 위한 예비적 단계로 이바지할 수 있다. 또한 역사적으로 이 이념은 심리학 자체의 특별한 요구들에 의해 생긴 것도 아니다. 선험적 현상학의 역사는 로크 (J. Locke)의 기억할 만한 기초적 작업으로까지 소급되며, 그로부터 버클리(G. Berkeley)75)와 흄(D. Hume)을 통해 나아간 추진력의 의미심장한 성과로 소급된다.

그러나 이미 로크의 경우 심리학 외적인 관심에 의해 순수한 주관적인 것(Subjektives)으로 한정하게끔 규정되었다. [그래서] 심리학은 데카르트(Descartes)가 일깨운 선험적 문제에 이바지했다. 그의 저술「성찰」(*Meditationes*) 에서 사고는 제일철학을 [추구하기] 위해 주도하는 것으로 형성되었다. 즉 실재적인 모든 것과 결국 이러한 세계 전체는 우리 자신의 표상들의 표상의 내용으로서만, 판단에 적합하게 사념된 그리고 기껏해야 명증적으로 확증된 우리 자신의 인식하는 삶으로서만 **우리에 대해** 존재하고 또 그러하게 존재하는 것이라는 사고로 형성되었다. 여기에, 진정한 것이든 그렇지 않은 것이든, 모든 선험적 문제의 동기부여가 놓여 있었다.

데카르트의 회의적 방법은 '선험적 주관성'을 드러내 밝히는 최초의 방법이었고, 그의 '**생각하는 나**'(ego cogito) 는 선험적 주관성을 처음 개념적으로 파악하도록 이끌었

---

75) 원전에는 'J. Berkeley'로 되어 있으나, 버클리의 이름이 'George' 이기 때문에 옮긴이가 고쳐서 표기했다.

다. 로크의 경우 데카르트의 선험적으로 순수한 마음(mens)
이 순수한 영혼(인간의 마음)으로 변화되는데, 로크는 이
것에 대한 체계적인 탐구를 선험철학의 관심에서 내적
경험을 통해 착수하였다. 그러므로 그는 내적 경험에 입
각한 심리학을 통해 선험철학뿐만 아니라 심리학주의를
정초한 사람이다.76)

[그러나] 학문적 철학의 운명은 모든 심리학주의77)를
철저히 극복하는 데 달려 있으며, 이렇게 극복하는 것은
심리학주의의 원리적 배리(背理)를 폭로할 뿐만 아니라,
심리학주의가 지닌 선험적으로 중요한 진리의 핵심을 만
족시키는 것이다. 로크는 선험적 물음을 제기함으로써 즉
시 생긴 주관적인 것에 관한 모든 개념의 이중적 의미에
서 심리학주의의 끊임없는 역사적 힘의 원천을 길어내었
다. 이러한 애매함을 드러내 밝히는 것은 그 의미들을 날
카롭게 분리시키는 것과 일치해서 (순수하게 내적 경험

---

76) 후설은 「위기」(16항-21항)에서 데카르트가 방법적 회의를 통해 자
의식(自意識)의 확실성에 도달함으로써 선험적 주관성으로의 길을
마련했지만, 객관주의에 심취되어 판단중지를 통해 획득한 순수 자
아에서 신체(Leib)를 배제함으로써 자아(ego)를 '마음=혼=지성'으
로 왜곡해 심리학적으로 규정했다고 비판한다. 또한 내성(內省)뿐
만 아니라 생리학적이며 심리물리적인 방법으로 영혼의 내적 경험
을 설명하고 인식하려는 로크의 연상심리학 역시 이러한 데카르트
의 의도에 충실하게 따른 것이라고 비판한다.

77) 이에 관해서는 이 책 제1부의 역주 44를 참조.

에 입각해 학문적으로 엄밀한 심리학의 형태로서) 순수 현상학적 심리학과 진정한 선험철학인 선험적 현상학을 평행하게 놓는 것을 뜻한다. 동시에 이렇게 함으로써 순수 심리학을 미리 준비하는 것은 진정한 철학에 접근하는 수단으로서 정당화된다. 우리는 우선 그 의미가 분명하지 않은 불확실성에 빠져드는 경향이 매우 강한 (그리고 이것은 이미 **데카르트**에서 발견된다) 선험적 문제, 그 문제가 옳은 길에서 벗어난 궤도를 보류할 수 있는 선험적 문제의 해명으로부터 시작하자.

7. 선험적 문제

세계와 세계를 탐구하는 모든 학문을 문제로 삼는 보편성은 선험적 문제의 보편적 본질에 속한다. 그것은 '**자연적 태도**'를 일반적으로 전환함으로써 생기는데, 일상적 삶 전체와 마찬가지로 실증적 과학들도 이러한 태도 속에 머물러 있다. 이 자연적 태도 속에서 세계는 우리에게 자명하게 존재하는 실재성들의 우주이며, 의심의 여지없이 현존하는 것으로 끊임없이 미리 주어져 있다. 그러므로 세계는 실천적이고 이론적인 우리의 활동들의 일반적인 장(場)이다. 이론적 관심이 이러한 자연적 태도를 포기하고 일반적인 시선을 전환함으로써 의식의 삶(이 **의식의 삶** 속에서 우리에 대한 세계는 우리에 대해 현존하고 있는 바로 '그' 세계이다)으로 향하자마자, 우리는 새로운 인식의 상태에 놓이게 된다.

세계가 우리에 대해 갖는 의미(실로 우리는 이 의미를 깨닫고 있다), 즉 실재적 개별성에 따라 세계가 규정되는 의미와 같이 세계가 규정되지 않은 일반적 의미는, 우리 자신이 지각하고 표상하며 사유하고 가치를 평가하는 삶의 내재성 속에 의식되며, 우리의 주관적 발생 속에 형성되는 의미이다. 왜냐하면 모든 존재의 타당성은 우리 자신 속에서 수행되며, 이 존재의 타당성을 정초하는 경험과 이론의 모든 명증성은 우리 자신 속에서 생생하게 또 습득[습관]적으로 우리를 끊임없이 동기지우기 때문이다. 세계에 속한 것, 즉 '**그 자체로**'(an und für sich) 존재하는 것은, 나나 그 누구인가 그것을 언제나 우연히 의식하고 있든 않든 간에, 그것이 있는 그대로 존재한다는 사실은 모든 규정하는 것 속에 있는, 또한 자명하게 규정하는 것 속에 있는 세계에 관련된다.

이러한 완전한 보편성에서 세계가 일단 의식의 주관성(이 주관성의 의식의 삶을 통해 세계는 곧 그때그때의 의미의 '그' 세계로 등장한다)에 관련되면, 세계가 존재하는 방식 전체는 이해할 수 없는 또는 의심스러운 차원을 지니게 된다. [그래서] 세계가 단지 주관적으로 타당하게 되고, 정초된 명증성으로 이끌고 또 이끌 수 있는 것으로서 이렇게 '등장하는 것', 즉 '우리에 대해 존재하는 것'(Für-uns-sein)을 해명할 필요가 있다. 세계가 그 공허한 일반성에서 의식에 관련되어 있다는 사실을 처음으로 깨닫는 것은 '희미함 속으로 빠져들어 거의 직시하지 못하는 다양한 의식의 삶이 **어떻게** 그러한 사실을 그와 같은 작업수행으로 이끄는가' '어떻게 그러한 사실이 이른바 자신의 내재성 속에서 어떤 것이 그 자체로 존재하는 **것으로**, 그리고 사념된 것으로 뿐만 아니라 일치하는 경험 속에 입증된 것으로 등장할 수 있는가'를 전혀 이해시켜주지 못한다.

명백히 문제는 모든 종류의 '이념적' 세계와 이 세계의 '그 자체의 존재'(예를 들면, 순수 수(數)나 '진리 그 자체')로 이행된다. [여기에서] 이해할 수 없는 점이 **우리의** 존재하는 방식 자체를 특히 예민한 방식으로 파고든다. (개별자들이며 공동체 속에 있는) 우리는 의식의 삶 속에서 우리에 대해 현존하는 실재적 세계를 그러한 의미와 타당성으로 획득해야만 한다. 그러나 인간으로서 우리는 그 자체로 세계에 속해 있다. 그러므로 우리는 우리의 세

계라는 의미에 따라 우리에 대해 이러한 의미가 비로소
형성되는 곳인 우리와 우리의 의식의 삶을 다시 지적하
게 된다. [그렇다면] 의식 자체와 이 속에서 의식되어 형
성된 '세계' 그 자체를 심문하는 길 이외에 달리 해명하
는 길이 여기에서 도대체 생각할 수 있는가? 왜냐하면 세
계는 바로 우리에 의해 언제나 사념된 것으로 우리 속 이
외에 달리 어디에서도 그 의미와 타당성을 획득하지도
않았고 또 획득할 수도 없기 때문이다.

또한 여전히 '선험적'('초월적인 것'(Transzendentes)[78]
의 의식에 상관적인 존재의 의미에 관련된) 문제를 원리
적인 단계로 끌어올릴 수 있는 중요한 걸음을 내딛어보
자. 그 걸음은 제시된 의식의 상관성이 **우리** 세계의 사실
에만 관계하는 것이 아니라 형상적 필연성에서 생각해볼
수 있는 모든 세계 일반에 관계한다는 인식이 포함되어
있다. 왜냐하면 우리가 자유로운 상상(freie Phantasie)을

---

78) 여기에서 'transzendental'을 '선험적'이 아니라 '초월론적'으로 옮기
면 "……'초월론적'('초월적인 것'의 ……")가 되는데 '초월적'과
'초월론적'이 '존재적'과 '존재론적'만큼 명백한 차이가 있는 것이
아닌 이상 매우 혼란될 뿐이다. 그리고 칸트의 '구성'과 후설의 '구
성'의 차이(이 책 제1부의 역주 33. 참조)와 관련해 'transzendental'
의 의미도 근본적으로 다르다. 물론 궁극적 근원으로 부단히 되돌아
가 묻는 태도나 의식에 초월적인 실재를 의식에 내재적인 영역으로
끌어들이는 환원을 마치 의식과 대상을 분리한 이원론을 전제하듯
'초월론적'이라 하면, 정반대의 뜻으로 이해되거나 완전히 모순된
표현이 될 수밖에 없다.

통해 우리의 사실적 세계를 임의적으로 생각해볼 수 있는 세계로 옮기면서 사실적 세계를 변경시키면, 우리는 **우리**(세계는 우리의 환경세계이다)를 변경시키며, 불가피하게 우리를 하나의 가능한 주관성으로 함께 변화시키기 때문이다. 이 주관성의 환경세계는 언제나 그것의 가능한 경험, 가능한 이론적 명증성, 가능한 실천적 삶의 세계로 생각된 세계일 것이다.

물론 이러한 변경은 형상적 일반성 속에 자신의 존재를 가지며, 더구나 불변자가 그것의 본질에 포함되는 종류의 순수 이념적 세계들을 건드리지 않고 그냥 놔둔다. 그러나 그와 같은 동일성을 인식하는 주관[주체]이 가능하게 변경될 수 있음으로써 주관이 인식할 수 있다는 것, 따라서 주관이 지향적으로 관련되어 있다는 것은 우리의 사실적 주관성에만 관계하지 않는다는 점이 분명히 밝혀진다. 문제를 [이와 같이] 형상적으로 파악함으로써 요구된 의식의 탐구 또한 형상적 의식의 탐구로 변화된다.

8. 선험적 순환론인 심리학주의적 해결

현상학적으로 순수한 심리학의 이념을 분명하게 부각시킴으로써 시종일관된 현상학적 환원을 통해 의식의 주관에 고유한 본질적인 것을 형상적 일반성에서 그것의 가능한 모든 형태에 따라 드러낼 수 있는 가능성을 입증하였다. 또한 그것은 [인식의] 권리를 정초하고 확증하는 이성의 가능성과, 이와 더불어 가능한 방식으로 나타나는 세계, 그리고 일치하는 경험을 통해 그 자체로 존재하는 것으로서 입증될 수 있고 이론적 진리로 규정될 수 있는 세계의 모든 형태를 포함한다.

그에 따라 이 현상학적 심리학은, 이것이 체계적으로 수행되면, 존재와 의식에 대한 상관관계(Korrelation)의 탐구 전체를 처음부터 원리적인(곧 형상적인) 일반성에서 그 자체로 파악하는 것으로, 그래서 모든 선험적 해명의 터전인 것으로 보인다. 그러나 이에 반해 심리학은 경험적이거나 형상적인 자신의 모든 분과에서 '실증과학'이며, 단적으로 현존하는 세계가 주제의 토대인 자연적 태도에서 수행된 학문이라는 사실이 간과되어서는 안 된다. 심리학이 탐구하려는 것들은 세계 속에 일어나는 영혼들과 영혼의 공동체들이다.

[그러므로] 현상학적 환원은 동물적 실재성들의 심리적인 것을 자신에게 고유한 본질적인 것에서 획득하고, 자신에게 고유한 순수 본질적인 연관들을 획득하는 점에서만 심리학적 환원으로 이바지한다. 그 심리적인 것은 또

한 형상적 탐구를 통해 세계가 단지 가능한 실재적 세계에 관련되어 세계에서 현존하는 것에 대한 존재의 의미를 지닌다. [그래서] 심리학자 역시 형상적 현상학자로서 선험적으로 소박하며, 심리학자는 가능한 '영혼들'(자아의 주체들)을 현존하는 것으로, 전적으로 그 말의 상대적 의미에 따라, 그 자체로 단적으로 생각된 가능한 공간적 세계의 인간들이나 동물들로 간주한다. 그러나 만약 우리가 자연적 – 세속적 관심 대신에 선험적 관심을 이론적으로 정당하게 다루면, 심리학 전체는 '선험적으로 문제가 되는 것'이라는 낙인을 지닐 것이며, 따라서 심리학 전체는 선험철학에 어떠한 종류의 전제들도 제시할 수 없다. 영혼적인 것으로서 심리학의 주제인 의식의 주관성은 선험적으로 되돌아가 물을 수 있는 것일 수는 없다.

이러한 결정적으로 중요한 점을 분명하게 통찰하기 위해서는, 그 의미에 따라 문제가 되는 영역과 문제가 되지 않는 영역이 어떻게 구별되는가 하는 선험적 물음의 주제적 의미에 유념해야만 하고 또 숙고해야만 한다. 선험철학의 주제는 그것이 다양하게 지향적으로 '관련되어 있는 것'을 구체적이고도 체계적으로 해명하는 것이다. 이 '관련되어 있는 것'은 그에 상응하는 가능한 주관성의 환경세계인 가능한 세계 일반에 본질적으로 속하며, 이 주관성에 대해 세계는 실천적으로나 이론적으로 접근할 수 있는 현존하는 세계일 것이다. 이렇게 '접근할 수 있는 것'은 주관성들에게는 그 주관성들에 대해 현존하는 세계의 객체들과 세계의 구조들의 모든 범주에 관해 그것의 가능한 의식의 삶의 규칙들을 뜻한다. [그리고] 이 규칙들은 그것들의 유형학을 통해 비로소 분명하게 밝혀져야만 한다.

[그런데] 이와 같은 범주들은 '생명이 없는 사물들'이지만, 또한 인간이나 동물은 자신의 영혼의 내재성을 지닌다. 이러한 점에서 현존하는 가능한 세계의 완전하고 전체적인 존재의미는 일반적으로 또 세계에 대해 구성적인 모든 범주에 관해 해명되어야 한다. 모든 유의미한 물음과 마찬가지로 이러한 선험적 물음은 이 속에서 해결할 모든 수단이 반드시 포함되어 있을 의문의 여지없는 존재의 토대(Boden)를 전제한다. 이러한 토대가 여기[선험적 물음]에서는 의식의 삶의 주관성인데, 이 의식의 삶속에서 가능한 세계 일반이 현존하는 것으로 구성된다 (sich konstituieren).[79]

---

79) 후설 현상학의 핵심적 개념이자 중요한 작업인 '구성한다'를 이처럼 수동적 의미를 지닌 재귀동사의 형태로 사용하기도 한다. 그것은 감성에 잡다하게 주어진 것을 오성의 아프리오리한 사유형식을 범주를 집어넣어 인식하는 칸트의 '구성'(Konstruktion)에 비해 인식되는 대상의 측면에 상당한 권리와 우선성을 부여하기 때문이다. 즉 후설에

다른 한편으로 의심의 여지없이 존재하는 이러한 전제
된 토대를 선험적 물음이 그 보편성에서 문제로 삼고 있
는 것으로 생각하는 것과 혼동되지 않는다는 점은 이성
적 방법의 자명한 요구이다. 이 의심의 여지가 있는 영역
은 선험적 소박함80)의 전체 영역이며, 따라서 가능한 모
든 세계를 자연적 태도 속에 단적으로 요구된 세계로 포
함한다. 그러므로 모든 실증과학은 그것의 모든 대상의
영역과 마찬가지로 선험적으로 판단중지 아래 놓이게 되
며, 따라서 심리학과 심리학의 의미에서 심리적인 것 전
체도 마찬가지이다. 그러면 선험적 물음에 대한 답변을,
경험적 심리학이든 형상적-현상학적 심리학이든 상관없
이. 심리학에서 근거로 삼으려는 것은 일종의 선험적 순
환론(循環論)일 것이다. 그래서 선험적 물음에 의지하는
주관성과 의식(여기에서 우리는 이율배반적인 애매함에
직면한다)은 실제로 심리학이 주제로 삼는 주관성과 의
식일 수는 없다.

서는 인식의 형식뿐만 아니라, 그 내용도 아프리오리하게 주어져 있
다. 다만 완성된 채 주어지지 않기 때문에 인식의 대상이 나타나고
드러나며 제시되는 것의 의미를 경험의 지평구조에 따라 체계적으로
해명할 필요가 있다.

80) 이것은 모든 인식이 형성되는 궁극적인 근원을 밝히려는 선험적 동기
를 지녔지만, 여전히 '세계가 미리 주어져 있는 것'을 문제로 삼지 않
고 소박하게 전제하는 입장을 뜻한다.

9. 선험적-현상학의 환원과 중복되는 것의 선험적 가상

그렇다면 '우리'는 심리학적으로는 우리 인간이 세계 속에 현존하고 있음으로써 영혼의 삶의 주체이며, 이와 동시에 선험적으로는 선험적으로 세계를 구성하는 주체로서 중복되어 있는가?

이러한 이중성은 명증적으로 제시하는 것을 통해 해명된다. 영혼의 주관성, 즉 일상적인 논의에서 구체적으로 파악된 '나'와 '우리'는 현상학적 - 심리적 환원의 방법을 통해 자신의 순수한 심리적 독자성으로 경험된다. 형상적으로 변경하는 것 속에서 이 주관성은 순수 현상학적 심리학을 위한 토대를 제공한다. 선험적 문제 속에 되물어지고 이 문제 속에 존재의 토대로 전제된 선험적 주관성은 '나 자신'과 '우리 자신' 이외에 결코 다른 것이 아니다.

그러나 선험적 주관성은 우리가 일상의 또 실증과학의 자연적 태도 속에 우리를 발견하거나, 우리에 대해 현존하는 객관적 세계의 존립요소들로 통각되는 것은 아니다. 오히려 선험적 주관성은 의식의 삶의 주체들로 통각된다. 이 의식의 삶 **속에** '우리'에 대해 이러한 그리고 모든 현존하는 것이 어떤 통각[81]을 통해 '이루어진다.' 신체로뿐

---

81) 이 용어에 관해서는 이 책의 제1부 역주 21을 참조.

만 아니라 영혼으로 세계 속에 현존하는 인간으로서 우리는 '우리'에 대해 존재한다. 왜냐하면 우리는 매우 다양한 지향적 삶, 즉 '우리의' 삶이 나타나는 것이며, 따라서 **이 삶 속에** 이렇게 현존하는 것은 자신의 의미의 내용 전체와 더불어 '우리에 대해' 통각적으로 이루어지기 때문이다. 현존하는(통각된) 나와 우리는 (통각하는) 나와 우리를 전제하며, 나와 우리에 **대해** 그것이 현존하지만, 그것 자체가 다시 동일한 의미에서 현존하는 것은 아니다. 우리는 선험적 경험[82]을 통해 이 선험적 주관성에 직접 이르는 통로를 갖는다. 이미 영혼의 경험이 순수함에 이르는 환원적 방법을 필요로 하듯이, 선험적 경험도 마찬가지이다.

우리는 여기에서 심리학적 환원 위에 층을 이루어 세워진 것으로서, 또 다시 어떤 판단중지에 의해 언제나 수행될 수 있는 순수함에서 더 나아간 것으로서, '**선험적 환원**'을 소개하는 방식으로 진행해가자. 이 환원은 선험적 물음의 의미에 속하는 보편적 판단중지의 단순한 결과일 뿐이다. 가능한 모든 세계의 선험적 상관성이 그 세계를 보편적으로 '괄호 속에 묶을 것'을 요구하면, 그것역시 순수한 영혼들과 이 영혼들에 관련된 순수 현상학

---

82) 이 경우 '선험적'은 경험의 근거에 놓여 있는 실재의 본질을 이성 속에 정초하려는 시도를 뜻하며, '경험논리적' 또는 '선(先)술어적'이라는 의미를 갖는다.

적 심리학을 괄호 속에 묶을 것도 요구한다. 이 괄호 속에 묶음으로써 이것들은 선험적 현상들로 변경된다. 그러므로 심리학자가 그에 대해 자연적으로 타당한 세계의 내부에서 발생하는 주관성을, 즉 여전히 세계 속에 있는 주관성을 순수한 영혼의 주관성으로 환원하는 반면, 선험적 현상학자는 자신의 절대적인 보편적 판단중지를 통해 심리학적으로 순수한 이 주관성을 선험적으로 순수한 주관성으로 환원하고, 세계에 대한 통각과 그 속에서 객관화하는 통각이 '동물적 실재성들의 영혼'을 수행하고 그 자체로 타당하게 정립하는 주관성으로 환원한다.

예를 들면, 나의 그때그때 순수한 지각의 체험, 상상의 체험 등은 실증성의 태도에서 심리학적인 내적 경험이 심리학적으로 주어진 것들이다. 이것들은, 만약 내가 철저한 판단중지를 통해 내가 인간으로 존재하는 것을 포함하는 세계를 단순한 현상들로 정립하고 그런 다음 '그' 세계의 통각 전체, 특히 나의 영혼의 통각, 즉 심리학적으로 실재적인 나의 지각하는 체험의 통각 등이 형성되는 지향적 삶을 추구하면, 나의 선험적 체험들로 변화된다. 이러한 체험들의 내용, 이 체험들의 고유한 본질적인 것은, 비록 그 내용이 이전에 심리학적으로 언제든지 활동했지만 그러나 고려되지는 않은 통각의 핵심으로서 실로 명백하더라도, 이때 완전히 유지되어 남아 있다. 선행하는 보편적 의지의 결단에 의해 선험적 '괄호 속에 묶는 것'의 확고한 습득성을 자신 속에 수립했던 선험철학자(先驗哲學者)에게는 자연적 태도 속에서는 결코 없을 수 없는 의식의 세계화(Verweltlchung)가 확실하게 저지된다.

그에 따라 선험철학자에게는 시종일관된 의식의 반성(Reflexion)은 언제나 다시 선험적으로 순수한 것을 밝혀주며, 게다가 새로운 종류인 **선험적인 '내적' 경험**의 방식으로 직관적으로 밝혀준다. 방법적인 선험적 판단중지에서 발생한 의식의 반성은 무한한 선험적 존재의 장(場)을 열어준다. 이 존재의 장은, 그것에 접근하는 방법이 순수한 심리학적 환원, 즉 심리학적-현상학적 환원에 평행하듯이, 무한한 심리학적 장에 평행한다. 더 나아가 선험적 삶을 완전히 구체화하는 것 속에 파악된 선험적 자아와 선험적 '자아의 공동체'(Ich-gemeinschaft)는 일상적인 의미에서 또 심리학적 의미에서, 또한 이에 속한 심리학적 의식 삶과 더불어 있는 영혼과 '영혼의 공동체'(Seelengemeinschaft)로서 구체적으로 파악된 나와 우리에 선험적으로 평행한다.

그러므로 나의 선험적 자아는 자연적 자아와 명증적으로 '구분된다.' 그러나 선험적 자아는 결코 제2의 자아로서, 거꾸로 자연적 의미에서 자연적 자아와 결합되거나 또는 자연적 자아와 얽혀 있는 것으로서가 아니듯이, 그 말의 자연적 의미로 자연적 자아에서 **분리된 것**으로서 자아가 아니다. 곧 선험적 자아는 언제나 **태도를 단순히 변경함으로써** 심리학적 자기[에 대한]경험으로 변화될 수 있는 선험적 자기[에 대한]경험의 (완전히 구체화한 것 속에 파악된) 장이다. 이렇게 이행하는 가운데 자아의 동일성은 필연적으로 수립된다. 즉 그렇게 이행하는 것에 대한 선험적 반성을 통해 심리학적으로 객관화하는 것은 선험적 자아가 '스스로를 객관화하는 것'(Selbst-objektivierung)으로서 명백해지며, 그래서 선험적 자아는 자연적 태도의 모든 계기에서 어떤 통각을 부여했던 것으로서 발견된다.

[그래서] 만약 선험적 경험의 영역과 심리학적 경험의 영역에 평행론(Parallelismus)이 단순한 태도변경에 근거해 그 존재의 의미가 일종의 서로 뒤섞여(Ineinander) 있는 동일성으로 이해될 수 있다면, 이것에서 생긴 결과인 동일한 평행론 그리고 선험적 현상학과 심리학적 현상학이 서로 뒤섞여 있는 것 속에 **함축적으로** 포함되어 있다는 점(이것의 완전한 주제가 곧 이중의 의미를 지닌 순수한 상호주관성이다)도 이해될 수 있다. 이때 순수한-영혼

의 상호주관성(Intersubjektivität)도 선험적 판단중지 아래 놓이게 되자마자 또한 이것과 평행하는 것인 선험적 상호주관성으로 이끈다는 점도 고려되어야 한다. 명백히 이 평행론이 결코 이론적으로 같은 값을 갖는다고 주장하는 것은 아니다. 선험적 상호주관성은 구체적으로 독자적인 절대적 존재의 토대이며, 이 토대로부터 모든 초월적인 것(여기에는 실재적으로 세계에 존재하는 모든 것이 포함된다)이 자신의 존재의 의미(Seinssinn)를 단순히 상대적이며 이와 함께 완벽하지 않은 의미에서 존재하는 것의 존재로, 지향적 통일체의 존재로 길어낸다. 이 지향적 통일체는 실제로 선험적으로 의미를 부여하는 것에 입각한 일치해 확증하는 것이며, 지속하는 확신의 본질에 적합하게 그에 속한 습득성이다.

10. 선험적 현상학을 위한 예비학문인 순수 심리학

의식의 주관성과 이 주관성에 관련될 수 있는 형상적 학문의 본질적인 이중성을 해명함으로써 심리학주의가 역사적으로 극복되지 못했던 사실이 가장 깊은 근거에 입각해서 이해될 수 있다. 심리학주의의 위력은 드러내 밝혀지지 않고 지속적으로 영향을 끼쳤음에 틀림없을 **본**

질적인 선험적 가상(Schein) 속에 놓여 있다. 이렇게 획득된 해명을 통해 한편으로는 선험적 현상학과 이것을 체계적으로 철저히 연구하는 이념은 현상학적으로 순수 심리학의 이념으로부터 독립적이라는 점을 이해하게 되며, 다른 한편으로는 어쨌든 선험적 현상학으로 상승하기 위한 순수 심리학의 미리 준비된 계획이 유용하다는 점, 즉 이제까지의 진술이 이끌었던 것이 유용하다는 점도 이해하게 된다.

전자[독립성]에 관해서는, 현상학적 또 형상적 환원이 즉시 선험적 상관성에서 발견에 결합되고, 그래서 선험적 현상학은 선험적 직관에서 직접 발생한다는 점은 명백하다. 사실 이러한 직접적인 길이 [데카르트와 칸트가 밟은] 역사적 길이었다. 형상적 학문인 순수 현상학적 심리학은 실증성 속에서는 결코 제기되지 않았다. 그 두 번째 길인 순수 심리학을 넘어서 선험적 현상학에 이르는 간접적인 길이 지닌 예비적 장점에 관해서는, 선험적 태도가 이제까지의 모든 삶의 경험을 완전히 뛰어넘고, 따라서 절대적으로 생소하기 때문에 거의 이해하기 어려운 삶의 형식 전체에 대한 일종의 변경을 뜻한다. 이와 유사한 것이 선험적 학문에도 적용된다.

현상학적 심리학은, 비록 상대적으로 새롭고 지향적 분

석의 방법에서 완전히 새로운 종류라 하더라도, 어쨌든 모든 실증과학이 언제나 접근할 수 있는 성격을 지닌다. 현상학적 심리학이 적어도 아주 정확하게 규정된 이념에 따라 언젠가 명백하게 되면, 자신의 학설의 내용을 선험적인 것[의 영역](Transzendentales)으로 단순히 전환시키는 것인 선험적 현상학을 장악하기 위해서는 선험철학의 문제제기와 선험적 환원의 진정한 의미를 해명하는 것만 필요하다.

새로운 현상학으로 깊이 파고들어가는 데는 두 가지 근본적인 어려움, 즉 실로 이성적 사실과학인 '정밀한' 심리학을 가능하게 만드는 것에 속하는 '내적 경험'의 진정한 방법을 이해해야 하는 어려움과, 선험적 물음을 제기하는 것과 그 방법의 고유한 특유성을 이해해야 하는 어려움은 이러한 두 가지 단계로 구분된다. 물론 그 자체로 고찰해보면, 선험적 관심은 최상의 그리고 궁극적인 학문적 관심이다. 그래서 역사적으로 앞으로 계속 그러하듯이, 선험철학의 독자적인 절대적 체계 속에 선험적 이론들을 완성시키고 선험적 태도에 대립되는 자연적 태도의 본질적 특성을 입증함으로써 선험철학 자체 속에 모든 선험적 현상학적 학설을 자연적 실증성의 학설로 바꾸어 해석하는 가능성을 명백히 제시하는 것은 정당한 일이다.

Ⅲ. 선험적 현상학과 절대적으로 정초하는 가운데 보편적 학문인 철학

11. 존재론으로서의 선험적 현상학

선험적 현상학의 도달하는 효력의 범위를 숙고해보면, 다음과 같은 주목할 만한 결론들이 생긴다. 즉 선험적 현상학을 체계적으로 철저하게 수행하면, 선험적 현상학은 생각해볼 수 있는 모든 아프리오리한 학문의 체계적인 통일체로서, 그러나 선험적 현상학의 방법을 통해 '독단론'(Dogmatismus)을 극복하는 새롭게 정초하는 것에서 '**보편적 존재론**'(universale Ontologie)이라는 **라이프니츠**(Leibniz)의 이념[83])을 실현한다. 생각해볼 수 있는, 게다가 언제나 그 속에서만 현상들이 구체적으로 가능한 종합적 형태들 전체(이것들은 선험적인 개별적 주체들에서 주체들의 공동체로 결합되어 있다)로 생각해볼 수 있는

---

83) 이것은 데카르트에서 시작해 라이프니츠에서 정점을 이룬 '보편수학'(mathesis universalis)의 이념을 뜻한다. 데카르트에서 보편수학의 이념은 그가 해석기하학을 발전시키면서 생각한 산술·기하학·천문학·음악이론학·광학·기계학 등을 포괄하는 수학의 통합과학이다. 그리고 라이프니츠에서 보편수학은 이것을 넘어 논리학·대수학까지 포괄하는 모든 형식과학에 대한 학문을 뜻한다. 그런데 후설은 이 개념을 발전시켜 학문이론(Wissenschaftstheorie)으로서의 논리학을 완성하고자 한다.

모든 선험적 현상에 관한 학문인 현상학은 당연히 생각해 볼 수 있는 모든 존재자에 관한 아프리오리한 학문이다.

그러나 이때 현상학은 단순히 객관적으로 존재하는 것과 더구나 자연적 실증성의 태도 속에 있는 존재자 전체에 관한 학문이 아니라, 자신의 존재의 의미와 자신의 타당성을 상관관계의 지향적 구성(intentionale Konstitution)에서 길어내듯이, 완전히 구체화된 존재자 일반에 관한 학문이다. 또한 이것은 선험적 주관성 자체의 존재도 포함한다. 이 선험적 주관성의 증명할 수 있는 본질은 그 자체로 그리고 그 자체에 대해 선험적으로 구성될 수 있는 것이다. 이에 따라 실증성 속에 있는 단지 겉모습의 보편적 존재론에 대립해서 철저하게 수행된 현상학은 참된 보편적 존재론이다. 바로 이 존재론을 통해 단지 겉모습의 보편적 존재론의 독단적 일면성과 동시에 이해할 수 없는 점이 극복되고 있으며, 어쨌든 현상학은 겉모습의 보편적 존재론의 정당한 내용들을 지향적 구성 속에서 근원적으로 정초된 것으로서 그 자체 속에 반드시 포함한다.

12. 정밀한 과학에서 토대의 위기와 현상학

이렇게 [선험적 현상학의 보편적 존재론이 다지 겉모습의 보편적 존재론의 내용들을] 포함하는 방식을 숙고해보면, 이것에 의해 자신의 존재의 타당성을 지닌 모든 아프리오리(Apriori)는 선험적 작업수행으로서, 따라서 그 구성의 본질적 형태들, 그것이 스스로를 부여하고 확증하는 방식과 단계, 그에 속한 습득성과 일치하여 확정된다고 생각된다. 이것은 아프리오리를 **확립하는 것** 속에 그리고 이렇게 **확립하는 것**과 더불어 그 확립하는 주관적 **방법**이 분명해진다는 점, 그래서 그것은 현상학 내부에서 정초되는 (예를 들면, 수학적 학문으로서) 아프리오리한 분과들에 대해 어떠한 '이율배반'도, 어떠한 '근본적인 위기'도 존재할 수 없다는 점을 함축한다.

[그러므로] 역사적으로 형성된 아프리오리한 학문들, 즉 선험적 소박함 속에 형성된 학문들에 관해서는, 철저하게 현상학적으로 정초해야만 그러한 학문들을 방법적으로 완전히 정당화되는 진정한 학문들로 변화시킬 수 있다는 결론이 나온다. 그러나 이와 함께 그 학문들은 실증적(독단적) 학문이기를 곧바로 중단하고, 보편적인 형상적 존재론으로서 현상학의 독자적이지 않은 분야들이 된다.

13. 사실과학들을 현상학적으로 정초하는 것과 경험적 현상학

아프리오리의 완벽한 우주를 그것이 자기 자신으로 선험적으로 되돌아가 관련되는 것에서, 그와 동시에 자신의 독자성에서 그리고 완성된 방법적 명석함에서 제시하는 무한한 과제는, 이러한 입장에서 보면, 보편적이며 더구나 완전히 정초된 경험적 사실성에 관한 학문을 성취하기 위한 방법의 기능이다. 실증성의 내부에서 (상대적으로 진정한) 경험적 학문은 이에 상응하는 아프리오리한 학문을 통해 방법적으로 기초지어질 것을 요구한다. 만약 우리가 가능한 모든 경험적 학문의 우주를 받아들이고 모든 근본적인 위기에서 벗어난 **철저하게** 정초할 것 (Begründung)을 요구하면, 그것은 철저하게 정초하는 것을 통해 보편적인 아프리오리로 이끄는데, 이것은 현상학적으로 정초하는 것이다.

그러므로 사실성의 보편적 학문에 진정한 형태는 현상학의 형태이며, 이러한 것으로서 사실성의 보편적 학문은 가능한 선험적 주관성 일반에 관한 학문인 형상적 현상학의 방법적 토대 위에 있는 사실적인 선험적 상호주관성에 관한 보편적 학문이다. 따라서 형상적 현상학 뒤에 따라오는 **경험적 현상학의 이념**이 이해되고 정당화된다. 경험적 현상학은, 우리가 실증과학들을 오직 처음부터 형상적 현상학을 통해서만 방법적으로 절대적으로 정초했다고 생각하는 한, 실증과학들의 완벽한 체계적 우주[전체]와 일치한다.

14. 보편적 철학인 완벽한 현상학

바로 이와 더불어 철저한[근본적인] 스스로를 정당화하는 것에 근거한 보편적 학문으로서 철학(이것이 고대 플라톤적 의미, 또한 데카르트적 의미에서 유일한 학문이다)이라는 가장 근원적인 [철학의] 개념이 복원된다. 방금 언급한 확장된 의미에서 엄밀하고 체계적으로 철저히 수행된 현상학은 **모든** 진정한 인식을 포괄하는 철학과 일치한다. 그것은 '**제1철학**'(Erste Philosophie)[84]으로서 형상적 현상학(또는 보편적 존재론)으로, 그리고 사실들

---

84) '제1철학'이라는 용어는 아리스토텔레스가 철학의 한 분과로 도입했지만, 후세에 그의 전집을 편찬하면서 '자연학(physica) 다음에(meta)'에 편입되어 '형이상학'(metaphysica)이라는 용어로 대체되었다. 그런데 후설은 이 고대의 표현을 다시 채택함으로써 보편적 이성에 대한 탐구라는 형상적 현상학(보편적 존재론)의 이념을 복원하고, 데카르트의 「제1철학에 대한 성찰」(*Meditationes de prima philosophia*)이 독단적 형이상학이라는 점을 비판하고자 했다. 그는 이 표현을 1920년 중반부터는 '선험철학'(Transzendentalphilosophie)이라는 용어로 사용한다.

과 이 사실들 모두를 종합적으로 포괄하는 선험적 상호 주관성의 우주에 관한 학문인 '제2철학'(Zweite P.)으로 나누어진다. 제1철학은 제2철학을 위한 방법들의 우주이 며, 제2철학을 방법적으로 정초함으로써 자기 자신으로 되돌아가 관련된다.

15. 현상학적 문제들인 '최상의 궁극적인' 문제들

모든 이성적 문제와 전통적으로 어떤 특별한 의미에서 철학적인 것으로 특징지어진 것 역시 현상학 속에 자신의 위치를 갖는다. 왜냐하면 선험적 경험 또는 형상적 직관의 절대적 원천에 입각해 그 문제들은 현상학 속에서 비로소 자신의 진정한 형식화와 그 문제들을 해결해갈 수 있는 길을 얻기 때문이다. 현상학이 자신에 보편적으로 관련되는 것에서 현상학은 가능한 선험적 인류의 삶 속에 자신의 고유한 기능을 인식한다. 현상학은 이러한 삶에서 이끌어내 직시할 수 있는 절대적 규범들을 인식하지만, 그러나 그것의 근원적으로 목적론적으로-경향을 띤 구조 또한 이러한 규범들과 이것들이 실천적으로 의식된 영향들을 드러내 밝히는 방향으로 인식한다.

그런 다음 현상학은 보편적 '이성의 실천'(Vernunftpraxis)

에 이바지하는, 즉 무한히 멀리 떨어져 놓여 있는 절대적 완전함이라는 보편적 이념의 방향에서, 또는 같은 말이지만, 사실로 또 철저하게 참되고 진정하게 존재하고 살려는 무한히 멀리 떨어져 놓여 있는 인간성이라는 이념의 방향에서 [규범들과 영향들을] 드러내 밝힘으로써 자유롭게 되려는 노력에 이바지하는 (선험적) 인간성이 보편적으로 스스로를 성찰하는 기능으로 스스로를 인식한다.85)

[또한] 현상학은 2차적 의미에서 진정한 인간성의 삶(현상학은 이것의 본질적 형태들과 실천적 규범들을 탐구해야만 한다)의 상관적인 실천적 이념. 즉 의식적이며 또 의도적으로 그러한 절대적 이념을 향한 것으로서 이념을 상대적으로 실현하기 위해 자기 스스로를 성찰하는 기능을 인식한다. 요컨대 형이상학적인 목적론의 문제들, 윤리적 문제들, 역사철학적 문제들은 유의미한 모든 문제 일반이나 선험적 정신성(Geistigkeit)의 가장 내적인 종합적 통일체와 이것의 질서 그 자체 속에 있는 모든 것과 마찬가지로 자명하게 판단하는 이성의 문제들 못지않게 현상학의 테두리 속에 놓여 있다.

---

85) 결국 선험적 현상학은 정상적으로 기능하는 보편적 이성(Vernunft)과 신체(Leib)에 근거해서 자기 자신과 세계를 진정으로 이해하고 학문과 인간성의 이념을 완성시켜가는 철저하게 스스로를 성찰하고 스스로 책임을 져야 한다고 강조한, 즉 선험적 현상학을 실행하는 '현상학을 함'(Phänomenologisieren)을 역설한 '선험철학'이다.

16. 모든 철학적 대립명제는 현상학적으로 해소된다

직관적으로 주어진 것에서 추상적으로 높은 것으로 계속 나가는 현상학의 체계적인 작업을 통해 고대로부터 전승된 철학적 관점들이 다의적으로 대립된 명제들, 즉 합리론(플라톤주의)과 경험론, 상대주의와 절대주의, 주관주의와 객관주의, 존재론주의와 선험주의, 심리학주의와 반(反)심리학주의, 실증주의와 형이상학, 목적론적 세계[에 대한]파악과 인과론적 세계[에 대한]파악 사이와 같은 대립된 명제들은 저절로 그리고 논리적 변증법의 기술(技術)들이 없어도 또 허약한 노력이나 타협이 없어도 해소된다. 이것들에는 어디에서나 정당화된 동기가 있지만, 어디까지나 그것은 단지 상대적이고 추상적으로 정당화된 일면성의 어중간한 것이거나 허용되지 않은 절대화된 것(Verabsolutierung)이다.

주관주의는 가장 보편적이고 극도로 시종일관된 (선험적) 주관주의에 의해서만 극복될 수 있다. 이러한 형태로 주관주의는, 일치하는 경험을 통해 입증될 수 있는 모든 객관성의 권리를 대변하는 한, 동시에 객관주의이다. 그러나 물론 그것은 추정된 실재론적 객관주의가 선험적 구성을 이해하지 못함으로써 침범한 객관성의 완전하고 진정한 의미를 타당하게 만드는 한에서만 그러하다.

상대주의는 가장 보편적인 상대주의를 통해서만 극복될 수 있다. 이것은 모든 '객관적' 존재의 상대성을 선험적으로 구성된 것으로 이해하게 만들지만, 이와 일치해서 선험적 주관성의 가장 철저한 상대성도 그러한 것으로 이해하게 만드는 선험적 현상학의 가장 보편적인 상대주의이다. 그러나 이 상대주의는 '절대적' 존재(이것에 상대적인 모든 '객관적' 존재에 대립해서)의 유일하게 가능한 의미로, 즉 선험적 주관성의 '그 자체에 대한' 존재로 입증된다.

또한 **경험론**은 가장 보편적이며 극도로 시종일관된 경험론을 통해서만 극복될 수 있다. 이 경험론은 경험론자의 제한된 '경험'에 대해 원본적으로 [대상을] 부여하는 직관이라는 필연적으로 확장된 경험의 개념을 정립한다. 이 직관은 자신의 모든 형태(형상에 대한 직관, 필증적[86] 명증성, 현상학적 본질직관 등)에서 현상학적 해명을 통해 직관의 정당성을 부여하는 방식과 형식을 입증한다.

다른 한편으로 형상학(Eidetik)으로서 현상학은 합리론

---

86) 명증성(Evidenz)에 관한 후설의 논의에서, '충전적'(adäquat)은 진리에 대한 전통적 견해인 '사물과 지성이 일치'(adequatio rei et intellectus)한다는 것을, '필증적'(apodiktisch)은 주어진 사태가 존재하는 것을 결코 의심할 수 없는 자의식(自意識)의 확실성을 뜻한다.

적이다. 그러나 현상학은 제한된 독단적 **합리론**을 선험적 주관성, 자아, 의식과 의식된 대상성에 통일적으로 관련된 본질을 탐구하는 가장 보편적인 합리론을 통해 극복한다.

[이러한 점은] 그 밖의 함께 얽혀 있는 대립된 명제들에 관해서도 마찬가지이다.[87]

모든 존재를 선험적 주관성과 이것의 구성적인 지향적 작업수행으로 환원하는 것은, 여전히 **목적론적** 세계[에 대한]고찰 이외에 결코 다른 고찰을 허용하지 않는다.

그리고 어쨌든 현상학은 **자연주의**(또는 감각주의)에 진리의 어떤 핵심이 있다는 것을 인정한다. 즉 현상학이 연상(聯想)을 지향적 현상으로, 더구나 선험적인 또 순수하게 수동적인 발생(Genesis)의 본질적 법칙들을 지닌 수동적인 지향적 종합의 형태들에 관한 전체적 유형학으로 명백하게 밝히는 가운데, 현상학은 **흄**의 허구주의(Fiktionalismus),

---

87) 후설은 "만약 '실증주의'가 모든 학문을 '실증적인 것', 즉 원본적으로 파악할 수 있는 것 위에 절대적으로 편견 없이 근거지우는 것이라면, 우리야말로 진정한 실증주의자"(『이념들』 제1권, 38쪽)라고, 따라서 '추상적(절대적) 관념론'으로 알려진 자신의 현상학이 실제로는 "참된 실증주의"(『엄밀한 학문』, 340쪽) "선험적 실재론"(『성찰』, 121쪽)이라고 주장한다. 요컨대 후설 자신이 '선험적 관념론'이라고도 불렀던 선험적 현상학은 전통적 의미의 주관적 관념론이나 객관적 실재론과 전혀 관련이 없다. 의식의 '지향성'은 항상 '무엇에 대한 의식'일 뿐만 아니라, 후설 현상학의 일관된 과제가 대상과 이 대상이 의식에 주어지는 방식들 사이의 보편적 상관관계(Korrelation)를 분석하는 작업이었기 때문이다.

특히 사물·항속하는 실존·인과성이라는 허구(虛構)들의 기원에 관한 자신의 학설 속에서 앞선 발견들을 불합리한 이론들로 은폐시켰다는 점을 입증한다.

현상학적 철학은 그 방법 전체를 통해 스스로를 이미 그리스 철학이 출발한 이래 그리스 철학을 움직인 방법적 의도(Intention)의 순수한 영향으로 간주한다. 그러나 그 의도는 무엇보다 합리론과 경험론이라는 두 계열 속에서 **데카르트**에서 **칸트**와 독일의 관념론을 거쳐 우리의 혼란된 현재에까지 [익숙하게] 이르는 여전히 생생한 의도이다. [이러한] 방법적 의도의 순수한 영향은 문제들을 구체적으로 포착하고 처리할 수 있는 작업의 길로 이끄는 실제적인 방법을 뜻한다. 이 길은 진정한 학문의 방식에서 무한한 길이다. 그에 따라 현상학은 현상학자(現象學者)에게 그 자신을 위해 철학적 체계의 이상(理想)을 단념하고, '**영원의 철학**'(philosophia perennis)[88])을 위해 다른 사람들과 더불어 공동체 속에서 겸허하게 연구하는 자로 살아갈 것을 요구한다.

---

88) 이것은 몇 가지 형이상학적인 근본적 명제는 결코 의심을 받지 않고 언제나 타당하다고 주장하는 전통적인 스콜라 철학의 입장을 나타내는 용어이다.

1. 흔히 자연과학의 방법은 '설명'(explain)하는 것이고, 정신(인문)과학의 방법은 '이해'(understand)하는 것이라고 한다. 이 방법들의 특징과 차이는 무엇인가?

2. 후설은 근대의 정밀한 객관적 자연과학이 사유하는 주체인 의식(意識)과 초시간적인 이념(理念)을 부당하게 자연화(自然化) 또는 사물화(事物化) 했다고 비판한다. 그 결과 새롭게 찾은 것은 무엇이고, 잃어버린 것은 무엇인가?

3. 후설은 줄곧 '이성'(또는 '의식', '자아')를 강조한다. 그래서 '주관성의 승리'(The triumphant of subjectivity)라고도 부른다. 그렇다면 그가 말하는 '이성'(logos)은 전통적 의미에서 '감성'(pathos)이나 '감각'(sense)과 대립된 것인가? 그는 이들을 어떤 관계로 파악하는가?

4. 후설은 그리스 철학에서 근대철학에 이르기까지 목적론(Teleologie)의 시각에서 파악한다. 이 목적론은 다른 철학자들, 가령 아리스토텔레스나 헤겔의 목적론과 어떤 차이가 있는가?

1. 후설은 객관성을 주관 외부에서 찾지 않고 상호주관성(Interubjektivität)으로 파악한다. 그렇다면 수학의 원리나 논리학의 법칙, 학문이 추구해야 할 이념에서 절대적 보편타당성을 부정되는가? 과연 절대주의와 상대주의 가운데 어떤 것이 왜 옳은가? 그리고 본질적으로 유한한 인간이 과연 시대와 공간을 초월한 완전한 의미에서 절대주의를 주장할 수 있는가?

2. 후설 현상학의 출발점, 아니 중심과제는 의식은 '항상 무엇에 관한 의식'이라는 '지향성'에 있다. 즉 객관은 주관에 대립해 그 자체로 존재하는 것이 아니라, 본질상 필연적으로 분리될 수 없는 '주관-객관-상관관계'(Subjekt-Objekt-Korrelation)라는 것이다. 그래서 선험적 현상학에 의해 전통적으로 이원론에 입각해 극단적으로 대립된 다양한 독단론이 해소된다고 한다. 이와 같이 '주관(주체)'과 '객관(객체, 대상)'은 과연 분리될 수 없는가? 이에 대해 어떻게 생각하는가?

3. 심층적 자아인 선험적 자아(주관성)을 해명하고 제시하려는 선험적 현상학(선험철학)을 시종일관 추구해간 후설은 "추정적으로만 보면 반동적인 내가 오늘날 말로만 매우 급진적인 태도를 취하는 사람들보다 훨씬 더 급진적이며 훨씬 더 혁명적"이라 한다. 스스로 (선험적)관념론자라고 일컫는 그가 이렇게 주장하는 근거는 무엇인가? 인간의 삶에서 진정으로 혁명을 이룩할 수 있는 근거나 힘은 어디에서 오는가?

더 읽어볼 만한 책들

▶ **후설의 저술**

「데카르트적 성찰」(이종훈 옮김, 한길사, 2002)
「현상학의 이념」(이영호 옮김, 서광사, 1988)
「순수현상학과 현상학적 철학의 이념들」 제1~3권(이종훈 옮김, 한길
    사, 2009)
「유럽 학문의 위기와 선험적 현상학」(이종훈 옮김, 한길사, 1997)
「현상학적 심리학」(이종훈 옮김, 한길사, 2012)
「시간의식」(이종훈 옮김, 한길사, 1996)
「형식논리학과 선험논리학」(이종훈 옮김, 나남, 2010)
「엄밀한 학문으로서의 철학」(이종훈 옮김, 지만지, 2008)
「경험과 판단」(이종훈 옮김, 민음사, 1997)

▶ **후설 현상학에 관한 저술**

김홍우, 「현상학과 정치철학」(문학과 지성사, 1999)
박이문, 「현상학과 분석철학」(일조각, 1977)
배의용(옮김), 「후설과 칸트」(I. Kern, 철학과 현실사, 2001)
손봉호(옮김), 「현상학과 분석철학」(C.A. van Peursen, 탑 출판사, 1980)
신귀현/배의용(옮김), 「에드문트 훗설의 현상학」(P. Janssen, 이문출판
    사, 1986)
이길우, 「현상학적 정신이론」(강원대 출판부, 1986)
_____(옮김), 「현상학」(W. Marx, 서광사, 1989)
_____(옮김), 「후설의 윤리연구」(A. Roth, 세화, 1991)
이영호(편), 「후설」(고려대 출판부, 1990)
_____(옮김), 「훗설에서 사르트르에로」(지학사, 1975)
_____(옮김), 「현상학 강의」(W. Szilasi, 종로서적, 1984)
이종훈, 「현대의 위기와 생활세계」(동녘, 1994)
_____(옮김), 「언어와 현상학적 환원」(S. Cunningham, 철학과 현실사, 1995)

조가경, 「실존철학」(박영사, 1991)

조관성, 「현상학과 윤리학」(교육과학사, 2003)

조주환/김영필(옮김), 「에드문트 후설. 그의 현상학에 대한 체계적 설명」(A. Doemer, 이문출판사, 1990)

최경호(옮김), 「후설 사상의 발달」(Th. de Boer, 경문사, 1986)

_____(옮김), 「현상학. 그 발생과 전망」(Q. Lauer, 경문사, 1987)

_____(옮김), 「현상학적 구성이란 무엇인가」(R. Sokolowski, 이론과 실천, 1992)

_____/박인철(옮김), 「현상학적 운동 Ⅰ」(H. Spiegelberg, 이론과 실천, 1991)

_____(옮김), 「현상학적 운동 Ⅱ」(H. Spiegelberg, 이론과 실천, 1992)

한전숙, 「현상학의 이해」(민음사, 1984)

_____, 「현상학」(민음사, 1996)

기억해볼 만한 구절

Auch ich bin dessen gewiß, daß die europäische Krisis in einem sich verirrenden Rationalismus wurzelt. Aber nicht das darf die Meinung sein, als ob die Rationalität als solche von Übel oder im ganzen der menschheitlichen Existenz nur von untergeordneter Bedeutung sei. Das Menschentum der höheren Menschlichheit oder Vernunft erfordert also eine echte Philosophie.

나 역시 '유럽의 위기'는 '길을 잘못 들어선 합리주의'가 원인이라고 확신한다. 그러나 그것은 마치 합리성 자체가 악(惡)이라든가, 인류의 실존 전체에서 단지 부차적인 사소한 의미라는 견해를 뜻하지 않는다.

따라서 보다 높은 인류나 이성을 지닌 인간성은 진정한 철학을 요구한다.

이종훈

이종훈(李宗勳)은 성균관대학교 철학과와 동 대학원을 졸업했고, 성균관대학교, 이화여자대학교, 한양대학교, 중앙대학교 등의 강사를 거쳐 현재 춘천교육대학교 윤리교육과 교수로 있다. 지은 책으로 「현대의 위기와 생활세계」(동녘, 1994), 「아빠가 들려주는 철학이야기」 제1~3권(현암사, 1994, 2006), 「현대사회와 윤리」(철학과 현실, 1999) 등이, 옮긴 책으로 후설의 「시간의식」(한길사, 1996), 「유럽 학문의 위기와 선험적 현상학」(한길사, 1997), 「경험과 판단」(민음사, 1997), 「데카르트적 성찰」(한길사, 2002), 「엄밀한 학문으로서의 철학」(지만지, 2008), 「순수 현상학과 현상학적 철학의 이념들」 제1~3권(한길사, 2009), 「형식논리학과 선험논리학」(나남, 2010), 「현상학적 심리학」(한길사, 2013), 그 밖에 「소크라테스 이전과 이후」(박영사, 1995), 「언어와 현상학」(철학과 현실, 1995) 등이 있다. 후설 현상학과 어린이철학교육에 관한 몇 편의 논문이 있다.

후설의
현상학과
현대문명 비판

초판인쇄 2014년 12월 5일
초판발행 2014년 12월 5일

지은이 이종훈
펴낸이 채종준
펴낸곳 한국학술정보(주)
주소 경기도 파주시 회동길 230(문발동)
전화 031) 908-3181(대표)
팩스 031) 908-3189
홈페이지 http://ebook.kstudy.com
전자우편 출판사업부 publish@kstudy.com
등록 제일산-115호(2000. 6. 19)

ISBN 978-89-268-6729-7 93160